KB068587

적당히 착하고,
적당히 나쁘게

딸, 아들에게

하고픈 이야기

적당히 착하고,
적당히 나쁘게

이상철
지 음

"넘어진 후에야 보이는
깨달음이 있다."

자기를 챙기지 않고

오늘과 다른 내일을 꿈꿀 수 없다.

나 자신에게 좋은 사람이 되자.

바른북스

삶은 이상적으로 흐르지 않고,
세상은 도덕적으로 작동하지 않는다.

인생이란 무엇일까?

많은 부모가 아이 인생길에 길잡이가 되어주고 싶어 한다. 부모의 의무라는 책임감으로, 인생 선배의 조언이라는 사명감으로 도움을 주고 싶기 때문이다. 그리고 이 과정에서 대부분 부모가 공부나 지식을 강조한다.

하지만 다양한 시련과 고난에 직면하는 인생 속에서 주입식 공부나 원론적 지식은 뚜렷한 해결책을 제시하지 못한다. 인생이란 예측 불가능한 천차만별의 무대이고, 급변하는 거대한 소용돌이기 때문이다.

이 때문에 "인생은 뿌리 없는 평초(萍草)"라는 말이 쓰이곤 한다. 인생이 물 위에 떠도는 개구리밥과 같다는 뜻으로, 인생이 허무하고 믿을 수 없는 것임을 비유적으로 이르는 말이다.

하지만 살려고 태어난 인생, 우리 아이들이 살면서 만나게 되는 고난과 역경을 극복하고 자신의 가치를 세웠으면 한다. 우리 아이 인생이 가치 있게 빛났으면 한다.

가치 있는 인생이란 세상 사람이 예찬하는 인생을 의미하지 않는다. 국가적 가치, 사회적 가치는 말할 필요도 없이 개인적 가치를 추구하는 인생도 가치 있는 인생이 될 수 있다. 중요한 것은 자신의 인생이 가치 있다고 느끼는 자존감, 자신의 인생에 가치를 부여하는 자부심이 아닐까 싶다.

물론 어떤 가치를 추구하든 세상을 살아간다는 것은 쉽지 않은 일이다. 숨 막힐 정도로 힘든 순간이 찾아오기도 하고, 가혹할 정도로 버거운 일이 벌어지기도 한다. 그것이 사람 때문이든, 일 때문이든.

하지만 바라보는 시각과 대처하는 자세에 따라 결과는 얼마든지 달라질 수 있다. 절대 낙담하지 말고 인생을 자신만의 기준으로 채울 수 있으면 난관을 극복할 수 있다. 이것이 두 아이의 아빠로서 《적당히 착하고, 적당히 나쁘게》라는 책을 낸 이유이다.

《적당히 착하고, 적당히 나쁘게》는 인생을 아우르는 두 글자 주제에 대한 경험적 고찰을 통해 삶 속 작은 지침서가 되기를 바라는 심정으로 써 내려간 책이다. 아빠이기 이전에 인생 선배로서 살아오면서 느낀 뼈저린 교훈을 담은 책이다.

따라서 이 책은 '삶은 이성적이고 합리적이다.'라는 이상적 전제와 '세상은 공평하고 정의롭다.'라는 도덕적 전제를 담고 있지 않다.

《적당히 착하고, 적당히 나쁘게》가 우리 아이들을 넘어 많은 이들이 세상을 살아가는 데 소중한 자양분이 되었으면 한다. 인생의 현실 안내서가 되기를 희망해 본다.

8월의 새벽 어느 날

딸, 아들 두 아이의 아빠가

차례

결혼

Chapter 10.

성공

Chapter 11.

재산

Chapter 12.

(Chapter 1.)

행복

삶은 선택한 것이 아니고 주어진 것이다. 그렇기에 살아가는 것이 아니라 살아지는 것인지도 모른다. 하지만 살아가든, 살아지든 사람은 살아야 한다. 그리고 삶에는 목표가 있어야 한다.

그리스 철학자 아리스토텔레스(Aristoteles)는 삶의 궁극적 목표는 행복이라고 생각했다. 굳이 유명한 철학자의 말을 빌리지 않더라도 사람이 사는 이유는 저마다 다양하겠지만 결국은 행복하기 위해서이다.

행복은 만족과 기쁨을 느끼는 상태를 말한다. 만족과 기쁨의 기준은 사람마다 다르므로 모든 사람에게 똑같이 적용되는 행복의 기준은 없다. 하지만 분명한 것은 행복은 순간적인 기쁨이 아니라 장기간 지속하는 주관적 만족감이다.

주관적 만족감은 그때그때 살아지는 피동적 삶 속에서 찾아오는 것이 아니라 스스로 살아가고자 하는 능동적 삶 속에서 찾아온다. 능동적 삶 속에서 행복에 대한 자신만의 철학을 정립할 때 행복의 길에 들어설 수 있게 될 것이다.

행복의 주체는 나 자신이다

행복의 기준은 사람마다 다르다. 행복은 주관적이고 심리적인 요소가 많이 작용하기 때문이다.

하지만 한 가지 분명한 사실이 있다. 내 삶의 주체는 나 자신이며, 내 행복의 주체도 나 자신이다. 다른 사람의 시선을 의식할 필요도, 다른 사람의 기준에 맞는 행복을 추구할 필요도 없다.

행복의 기준은 자신이 매기는 것이다. 행복은 나로부터 시작해야 한다. 내가 원하는 행복이 무엇인지를 정확히 그려봐야 한다. 자신이 무엇을 좋아하고, 어떤 걸 하고 싶으며, 어디에서 만족감을 느끼는지를 진지하게 고민해 봐야 한다.

그 결과 '부'라는 행복을 추구하고 싶거든 '부'를, '지위'라는 행복을 추구하고 싶거든 '지위'를, '소시민적 삶'이라는 행복을 추구하고 싶거든 '소시민적 삶'을 추구하면 된다. 추구하는 가치가 무엇이든 스스로 행복하다고 느끼면 그것으로 된 것이다.

행복은 비교가 아니다. 비교하지 않는 것이다. 누군가가 먼저 출발했다고 조급할 필요가 없다. 앞서간다고 부러워할 필요도 없다. 중요한 것은 다른 사람의 출발 시각도, 다른 사람의 속도도 아니다. 내 결승점을 오롯이 통과하면 된다. 내 행복의 기준에 도착하면 된다.

내 행복을 다른 사람과 비교하지 말자. 행복이 비교되는 순간 행복은 멀어진다. 행복에 순위가 매겨지면 회의감에 빠지고, 이로 인해 자신만의 기준과 가치가 깨져 방향성과 안정성을 상실하기 때문이다.

산에 오를 때를 떠올려 보자. 산을 타다 보면 숨이 턱까지 차오르며 발은 천근만근 무거워진다. 좁고 험한 산길을 마주할 때는 주저앉고 싶은 힘든 순간이 찾아올 때도 있다. 하지만 포기하지 않는다면 결국 정상에 다다르게 된다.

행복도 마찬가지이다. 묵묵히 자신의 길을 걷도록 하자. 고난과 역경이 닥쳐도 견디고 이겨내면 그 길의 끝에 행복이 보일 것이다. 행복에 이를 수 있을 것이다.

"행복은 내가 그려놓은 기준과 가치에 삶을 채워가는 과정을 통해 이루어진다."

내 행복은 1순위, 타인의 행복은 2순위

행복을 연구하는 많은 학자가 "나를 위한 삶보다 타인을 위한 삶을 살 때 행복지수가 높아진다."라고 주장한다. 미국 장애인 인권 운동가였던 헬렌 켈러(Helen Keller) 또한 "행복은 자기만족에 의해서가 아니라 가치 있는 목적에 충실함으로써 이뤄진다."라고 피력하며 타인의 행복을 중시했다.

하지만 타인을 위한 행복보다는 나를 위한 행복이 더 중요하다. 나 자신을 챙기지 않고 다른 사람을 위해 산다는 것은 자신을 돌보지 않는 것이다. 다른 사람에게는 좋은 사람일지 모르지만, 자신에게는 나쁜 사람이다.

자신에게 좋은 사람이 되자. 나를 먼저 챙긴다고 비도덕적인 것은 아니다. 내 행복을 우선시한다고 잘못된 것은 아니다. 다른 사람의 행복을 침해하면서 내 행복을 추구하는 것이 아니고, 다른 사람의 불행 위에 내 행복이 들어서는 것이 아니라면 말이다.

불교 경전에 '자리이타(自利利他)'라는 말이 있다. 자신을 이롭게 한다는 자리(自利)와 타인을 이롭게 한다는 이타(利他)가 합쳐진 말로, 자신을 이롭게 하지 않고는 타인을 이롭게 할 수 없고, 타인을 이롭게 하지 않고는 자신을 이롭게 할 수 없다는 뜻을 담고 있다.[1] 불교에서 자신의 이로움과 타인의 이로움을 동시적 관계로 볼 만큼 자신을 중시한 것은 자신을 살피지 않고 이타적인 것을 지속할 수 없다고 봤기 때문이다.

내가 행복해야 다른 사람의 행복도 살필 여유가 생긴다. 내가 힘들고 고달프면 주변 사람도 나로 인해 힘들고 고달파진다. 내 행복과 불행 모두가 다른 사람에게 영향을 미치는 것이다.

어느 행복이 나와 모두를 위하는 것일까. 내 행복은 1순위이고, 타인의 행복은 2순위이다. 내가 행복하지 않으면 행복을 나누기 어렵고, 나눈 행복도 오래갈 수 없다. 타인의 행복을 중시하더라도 내 행복에 소홀해서는 안 될 일이다.

"행복은 나로부터 시작해 타인으로 확장되어야 한다. 자신의 행복에 눈을 떠야 타인의 행복도 알게 되는 법이다."

행복과 불행의 스위치: 욕망

행복을 말할 때 꼭 언급되는 단어가 있다. 바로 욕망이다. 행복의 정도는 욕망의 정도에 따라 영향을 받는다. 즉 욕망의 크기가 작고 수가 적을수록 행복감은 올라가고, 욕망의 크기가 크고 수가 많을수록 행복감은 낮아진다. 욕망의 크기와 수, 이것과 행복은 반비례하는 것이다.

행복 = 1 / 욕망(크기 × 수)

행복 연구 권위자인 미국 심리학자 에드 디너(Ed Diener)가 인도 콜카타 노숙자들과 미국 캘리포니아 노숙자들을 인터뷰한 결과에 따르면 미국 노숙자들의 수입이 인도 노숙자들의 수입보다 10배 이상 높았지만, 생활 만족도는 인도 노숙자들이 더 높았다. 인도 노숙자들이 미국 노숙자들보다 욕망의 크기가 작았고 수가 적었기 때문이었다.[2]

이로 볼 때 행복해지고 싶다면 욕망을 키우지 말고 줄여나갈 필요가 있을지 모른다.

하지만 욕망이 꼭 행복과 반비례 관계인 것은 아니다. 많은 사람이 욕망을 성취하기 위해 부단히 노력하고 있고, 노력을 통해 욕망이 성취될 때 더 큰 행복을 느끼기도 한다.

미국 역사상 유일한 4선 대통령으로 경제 대공황과 제2

차 세계대전을 극복한 인물로 추앙받는 프랭클린 루스벨트(Franklin Roosevelt)는 "행복은 성취의 기쁨과 창조적 노력이 주는 쾌감 속에 있다."라고 표현했다. 욕망 성취를 위해 기울인 새로운 노력, 그리고 목표 달성에서 오는 기쁨을 통해 행복이 찾아온다고 본 것이다.

결국, 중요한 것은 행복과 욕망이 조화를 이루는 것이다. 달성 불가능한 욕망이 아니라 달성 가능한 욕망을 노력으로 실현함으로써 행복을 향해 나아가는 삶이 바람직하다.

욕망은 양면성을 가지고 있다. 과도한 욕망은 탐욕이 되어 행복을 망치지만, 적당한 욕망은 노력을 통해 행복이 된다.

내 욕망은 불행의 스위치가 될까, 아니면 행복의 스위치가 될까. '욕망 〉 노력'이면 불행에 가까워지고, '욕망 ≦ 노력'이면 행복에 가까워진다는 사실을 명심하자.

"행복의 양 날개는 욕망과 노력이다. 노력을 통한 욕망 성취의 기쁨이 행복을 증폭시킬 수 있기 때문이다."

현재 만족이 미래 행복을 대신할 수 없다

'노멀 크러시(normal crush)'라는 경제 용어가 있다. 이는 '보통의'를 뜻하는 노멀(normal)과 '반하다'를 뜻하는 크러시(crush)가 합쳐진 말로, 화려하고 자극적인 것에 질린 젊은 세대가 보통의 존재에 눈을 돌린 현상을 뜻한다.[3] 평범한 일상 속에서 작은 만족을 누리며 살겠다는 의미로, 소소하지만 확실한 행복을 뜻하는 소확행(小確幸)과 비슷한 개념이다.

노멀 크러시를 긍정적으로 해석하는 사람들은 "노멀 크러시가 일상의 소중함에 더 높은 가치를 부여하는 요즘 세대의 특징을 반영하고 있다."라고 바라본다.

하지만 이는 사실과 다르다. 노멀 크러시는 극심한 경쟁 사회에 지친 사람들이 작은 위로를 얻고자 하는 자기방어 심리의 발현이다. 노력해도 가질 수 없는 것들이 많아 일상의 작지만 성취하기 쉬운 것들에 눈을 돌릴 수밖에 없는 현실을 담고 있다.

많은 사람이 "행복은 발견하는 것, 알아차리는 것이다."라며 "평범한 일상의 소소한 만족이 행복이다."라고 강조한다. 또한

"행복을 얻기 힘든 이유는 작은 행복을 눈여겨보지 않고 큰 꿈만을 추구하기 때문이다."라며 "작은 일상 속에 있는 행복을 지나쳐 버리면서 행복을 멀리서 찾지 말아야 한다."라고 주장한다.

물론 일상의 소소한 만족을 즐기면서 행복을 느낄 수도 있다. 하지만 힘들고 각박한 현실에서 잠시나마 벗어나기 위한 반작용으로 현실의 소소한 삶에 눈을 돌리는 것, 이것이 정말 우리가 추구하고 싶은 행복일까. 아니다.

행복은 자신이 세운 기준과 가치를 성취하며 자신을 채우는 것이다. 상실감을 곁에 두고 싶지 않다면 소소한 일상에 감사하며 살면 될 일이지만, 자신이 바라는 행복에 다가서고 싶다면 현실에 안주하는 삶을 살아서는 안 된다.

현재 만족이 미래 행복을 대신할 수 없다. 지금 머무르면 행복은 답보하고 지금 내디디면 행복은 전진한다. 몸은 현재를 딛고 있되 눈은 미래를 바라봐야 한다. 현재에 안주하지 않고 미래를 가꾸는 사람이 더 큰 행복을 맞이할 수 있다.

"행복은 연구개발(R&D)과 같다. 안주하지 않는 지속적인 투자를 통해 그 성능과 품질을 향상시킬 수 있다."

긍정 회로 속 부정 회로를 돌려라

많은 심리학자가 "낙관주의는 스트레스와 불안감을 낮춰 행복에 긍정적 영향을 미친다."라며 긍정적 사고방식을 강조한다. 미국에서 가장 대중적인 목사인 조엘 오스틴(Joel Osteen)도 그가 쓴 베스트셀러 《긍정의 힘(믿는 대로 된다)》에서 "긍정의 힘이 밝은 미래를 가져온다."라며 긍정의 힘을 강조했다.[4]

맞는 말이다. 긍정적 사고방식은 신체적 건강(면역력 강화, 심혈관 질환 감소), 정신적 건강(우울증 예방, 스트레스 감소), 사회적 건강(대인관계 발전, 사회성 향상)을 가져오며, 이를 통해 삶의 만족도가 높아져 행복감을 더 느낄 수 있다. 이와 반대로 부정적 사고방식은 신체적, 정신적, 사회적으로 나쁜 영향을 가져와 행복감을 더 떨어뜨릴 수 있다.[5]

하지만 부정적 사고방식이 꼭 나쁜 것만은 아니다.

《뉴욕타임스》가 세계에서 가장 생산성 있는 심리학자로 평가한 미국 조직심리학 교수 애덤 그랜트(Adam Grant)는 그의 저서 《오리지널스(Originals)》에서 "전략적 낙관주의자는 상황을 긍정적으로 보면서 최상의 결과에 집중하고, 방어적 비관주의자는 최악으로 치달을 수 있는 모든 상황을 상상하면서 최악의 상황에 대비한다."라며 부정적 사고방식의 숨겨진 힘에 주목했다.[6]

그랜트의 주장처럼 부정적 사고가 발휘하는 긍정적 효과가 분명히 존재한다. 예를 들어 20년 동안에 걸쳐 영국 자영업자를 대상으로 한 조사 결과에 따르면 비관론자가 낙관론자보다 25% 더 많은 소득을 얻는 것으로 나타났다. 이는 비관론자가 최악의 상황에 더 잘 대비했기 때문이었다.[7]

이로 비춰볼 때 행복은 긍정적 사고방식과 부정적 사고방식, 둘 모두가 필요하다. 긍정적 사고방식은 현재의 처지나 상황에 대한 적응력을 높여 행복에 도움이 되고, 부정적 사고방식은 최악의 처지나 상황을 초래하는 불안 요소를 제거해 불행을 막아준다.

행복 안에는 긍정적 사고와 부정적 사고가 동시에 존재해야 한다. 현재를 비관하지 않는 긍정 회로 속에 최악을 대비하는 부정 회로가 작동해야 한다. 그때 비로소 더 좋은 미래, 더 나은 행복이 만들어진다.

"행복은 긍정적 사고와 부정적 사고, 각각의 장점을 어떻게 활용하느냐에 달려 있다."

(Chapter 2.)

사회

현실 속 사회는 교과서 속 사회와 다르다. 소득 격차에 따른 경제적 불평등, 권력 소유 여부에 따른 법적 불평등, 빈부 격차에 따른 교육 불평등, 사회적 지위에 따른 문화 불평등 등이 빈번히 발생하고 있다.

이로 인해 많은 사람이 가혹한 사회 현실에 낙담하고, 혹독한 경쟁에 직면해 허우적댄다. 이를 알기에 빌 게이츠(Bill Gates) 또한 "인생이란 공평하지 않다."라고 말했다.

그렇다고 사회 현실만을 탓하고 있을 수는 없는 노릇이다.

사회를 바꿀 수 없다면 사회가 불공정하고 불평등하다는 사실에 익숙해져야 한다. 공정과 상식, 공평과 평등을 기대하지 말아야 한다. 그래야만 부조리한 사회 현실에 적절히 대처함으로써 사회라는 전쟁터에서 살아남을 수 있다.

사회는 기울어진 저울이다

〈세계인권선언〉은 "모든 사람은 태어날 때부터 자유롭고, 존엄과 권리에 있어서 평등하다."라고 규정하고 있다. 하지만 사회 현실은 엄마 배 속에서 무덤까지 불평등으로 둘러싸여 있다. 소득 분배, 교육 여건, 생활 인프라, 거주 공간, 정보 접근성, 의료 서비스 등 다양한 부문에 걸쳐 차별이 존재한다.

법 또한 마찬가지이다. 〈대한민국 헌법〉에 "모든 국민은 법 앞에 평등하다."라고 명시되어 있다. 하지만 법은 권력을 가진 사람과 못 가진 사람에게 같은 잣대를 적용하지 않는다. 강자에게는 관대하고, 약자에게는 엄격한 모습을 보여왔다.

이것이 우리가 사는 사회이다. 사회는 절대 평등하지 않다. 안타까운 것은 불평등한 사회를 벗어날 수 있는 거의 유일한 수단인 기회조차 불공평하다는 점이다. 사회는 학벌이 좋을수록, 인맥이 넓을수록, 연고가 깊을수록 더 많은 기회를 제공한다. 그 반대 경우에는 기회가 적거나 아예 기회조차 부여받지 못한다.

이는 우리가 모두 두 개의 저울추 중 하나를 부여받고 태어났기 때문이다. '특권의 저울추'와 '차별의 저울추'가 그것이다. 특권의 저울추는 새 엔진과 동그란 바퀴를 달아주고, 차별의 저울추는 낡은 엔진과 네모난 바퀴를 달아준다. 도중에 엔진과 바퀴를 교체하지 않는 한 경기 결과는 뻔하다.

"기회는 평등하고, 과정은 공정하며, 결과는 정의로울 것"이라는 어느 대통령의 취임사는 사회 속에 존재하지 않는다.

사회는 기울어진 저울이다. 이 현실을 인정해야 한다. 부여받은 저울추를 원망한다고, 기울어진 저울을 불평한다고 사회는 달라지지 않을 것이다. 특권의 저울추를 내놓으려고도, 차별의 저울추를 바꾸려고도 하지 않을 것이다. 사회를 움직이는 것은 항상 기득권이며, 기득권은 그럴 생각이 전혀 없기 때문이다.

"우리는 태어날 때부터 사회라는 기울어진 운동장에 던져졌다. 누군가는 위에, 누군가는 밑에."

사회는 과정이 아닌 결과를 원한다

사회는 학교와 다르다. 학교에서는 여러 번의 시험 기회가 주어지지만, 사회에서는 한 번의 결과로 책임을 묻는 경우가 빈번하다. 심한 경우, 단 한 번의 결과로 인생의 승자와 패자가 갈린다.

이런 무대에서 과정을 중시해야 할까, 아니면 결과를 중시해야 할까.

우리는 험난한 생존 경쟁을 벌이는 정글 사회에 살고 있다. 그 속에서 살아남기 위해서는 과정이 아닌 결과를 보여줘야 한다.

중국식 시장경제를 대표하는 용어로 자리 잡았던 '흑묘백묘론(黑猫白猫論)'은 흑묘백묘 주노서 취시호묘(黑猫白猫 住老鼠 就是好猫)의 줄임말이다. 이는 검은 고양이든 흰 고양이든 쥐만 잘 잡으면 된다는 뜻으로, 중국의 개혁개방을 이끌었던 덩샤오핑(鄧小平)의 실용주의 경제정책을 일컫는다.[8]

사회는 흑묘백묘론과 같다. 중요한 것은 결과이지 과정이 아니다. 최선을 다했어도 결과가 좋지 않으면 사회는 눈길조차 주지 않는다. 사회는 결과를 증명하는 곳이지 과정을 나열하는 곳이 아니기 때문이다.

“결과에 집착하지 말고 과정을 즐기라.”라는 말은 사회 현실을 호도한 말이다. “최선을 다하고 있다.”, “열심히 노력하고 있다.”라는 외침은 아무 소용 없다. 20세기 위대한 정치인 중 한 명으로 꼽히는 윈스턴 처칠(Winston Churchill)도 “최선을 다하고 있다고 말해봤자 소용없다. 필요한 일을 함에 있어 반드시 성공해야 한다.”라며 결과를 중시했다.

과정은 개인의 영역이고, 결과는 사회의 영역이다. 과정이 개인적 위안이나 자기만족을 가져다줄 수는 있겠지만 사회가 알고 싶어 하는 것은 오직 결과이다. 과일나무가 열매를 맺을 수 없다면 베어지듯이 개인이 성과를 낼 수 없다면 사회에서 버려진다.

사회 안에서는 어떤 과정도 결과를 정당화할 수 없다. 결과를 정당화할 수 있는 것은 결과 그 자체뿐이다. 이것이 사회의 모습임을 유념해야 한다.

“최선은 학교 다닐 때 대우받는 것이고, 사회에서는 오직 결과만 대우받는다.”

불편한 사회에 도덕은 없다

많은 사람이 오리가 물 밑에서 쉼 없이 다리를 휘젓는 것처럼 열심히 살고 있지만, 이들 대부분의 생활은 좀처럼 나아지지 않고 있다. 사회적 약자에 대한 차별이 만연하고, 사회 양극화가 고착되어 있으며, 분배의 정의가 실현되지 않기 때문이다.

우리는 이런 불편한 사회에 살고 있다. 이런 사회에서는 누구도 내 삶을 책임지지 않는다. 삶은 고스란히 개인의 몫이다.

따라서 스스로 알아서 자신의 이익에 집중해야 한다. 내 이익만을 앞세워 다른 사람의 이익을 해치는 것은 옳지 않지만, 다른 사람에 의해 내 이익이 침해받는 것을 용납해서는 안 된다. 적당히 착하고 적당히 나쁘고, 그런 사람이 돼야 한다.

우리는 "착하면 복 받는다.", "착하면 손해 본다."라는 두 가지 상반된 말을 들으며 자라왔다. 어떤 말이 맞는 것일까. 존 록펠러(John Rockefeller)는 노조 탄압을 일삼았고, 빌 게이츠(Bill Gates)는 독과점 행위를 범했으며, 스티브 잡스(Steve Jobs)는 노동 착취를 외면했다. 이처럼 성공의 대명사로 여겨지는 사람들도 착한 사람이 아니었다.

우리 대다수는 스스로가 꽤 도덕적이라고 생각한다. 그런데 왜 사회에는 도덕적 인간이 별로 보이지 않는 것일까. 이는 사회에 발을 내딛는 순간 우리 대다수가 자신도 모르게 비도덕적인 사회에 동화되기 때문이다.

비도덕적인 사회에서 도덕적인 개인이 들어설 자리는 없다. 이 때문에 실존주의 철학자 프리드리히 니체(Friedrich Nietzsche)가 "세상은 비도덕적이기 때문에 도덕은 허구에 지나지 않는다."라고 외쳤을 것이다.[9]

비도덕적인 사회에서 좋은 사람으로 살고 싶으면 그렇게 살아도 된다. 하지만 한 가지 진실을 마주하게 될 것이다. 좋은 사람이 성공하는 인생을 사는 것도 아니며, 나쁜 사람이 실패하는 인생을 사는 것도 아니라는 것을.

"개인이 도덕적일 수 있다 하더라도 사회는 비도덕적이다. 이런 사회에서 도덕은 만족스러운 결과를 가져오지 못한다."

가진 자의 기회는 99%이고, 못 가진 자의 기회는 1%이다

'하드보일드(hard-boiled)'라는 문학 용어가 있다. 이는 감정을 드러내지 않는 또는 감정에 좌우되지 않는 냉담한 태도를 일컫는 말로, 비정하고 냉혹한 현실을 냉정하게 묘사한 소설이나 영화를 뜻하기도 한다.

삶의 의미와 실존을 탐구했던 20세기 문학 거장인 어니스트 헤밍웨이(Ernest Hemingway)의 작품 중《가진 자와 못 가진 자(To Have and Have Not)》는 하드보일드 소설로 사회 불평등과 부조리한 현실을 적나라하게 반영하고 있다.

이 소설 속 주인공 해리는 낚싯배를 운영하는 평범한 가장이지만 손님에게 수고비를 모두 떼이는 사기를 당하고, 생계를 위해 밀수와 밀항에 손을 대며 범죄를 일삼다 결국 총에 맞아 숨지고 만다. 해리가 죽어가면서 한 말은 "한 사람만으로는 아무리 발광해도 기회가 없어."였다.[10]

해리의 마지막 말은 우리 사회와 너무나 닮아 있다. 금수저, 은수저, 동수저, 흙수저 등으로 대변되는 '수저 계급론'이 사회 전반에 퍼져 있다. 개인의 사회경제적 지위가 자신의 능력이나 노력보다는 부모 경제력에 의해 결정되곤 한다.[11]

수저 계급론의 본질은 기회 불평등에서 찾을 수 있다. 경제력의 차이가 교육 기회의 차이를 불러오고, 교육 기회의 차이가 학력의 차이를 일으키며, 학력의 차이가 취업 기회의 차이로 확대되기 때문이다.

경제력의 차이 → 교육 기회의 차이 → 학력의 차이
→ 취업 기회의 차이

기회 불평등 사회에서 금수저와 흙수저의 기회는 다르다. 부모의 능력을 통해 금수저에게는 다양한 기회가 주어지지만, 부모의 도움을 받을 수 없는 흙수저에게는 제한된 기회가 주어질 뿐이다.

결국, 기회 대부분은 가진 자들의 몫이다. 가진 자의 기회는 99%이고, 못 가진 자의 기회는 1%이다.

그렇다고 낙담하거나 절망할 필요는 없다. 평범한 가정에서 태어났다 하더라도 한 번의 기회는 찾아오고, 그 기회를 살리면 된다. 다만 실력을 쌓지 않고 맞이한 기회는 찾아와도 아무 소용이 없다. 기회는 준비된 자의 삶을 바꿀 수 있지만, 준비 안 된 자의 삶까지 바꾸지 못하기 때문이다.

"기회의 빛은 똑같이 들어오지 않는다. 가진 자의 빛은 넓은 통창을 통해 들어오고, 못 가진 자의 빛은 비좁은 창문을 통해 들어온다."

보는 것이 다가 아니고, 듣는 것이 다가 아니다

우리는 정보 생산과 전달이 다양하게 전개되는 정보화 사회에 살고 있다. 모든 사람이 인터넷, 텔레비전, 라디오, 온라인 플랫폼, SNS 등을 통해 수많은 정보를 접하고, 이 정보들에 크게 의존한다.

하지만 정보 수용 과정에서 정보의 옳음과 그름을 따지지 않고 받아들임으로써 편향된 사고와 행동으로 이어질 때가 있다. 이는 자신이 믿고 싶지 않은 사실과 진실은 외면하도록 인간이 조건화되어 있기 때문이다.

이 때문에 우리 시대의 가장 위대한 투자가로 불리는 워런 버핏(Warren Buffett)조차 "사람들이 가장 잘하는 것은 기존의 견해들이 온전하게 유지되도록 새로운 정보를 걸러내는 일이다."라고 말하기까지 했다.

지식인 논객들의 편 가르기를 보자. 그들은 자신의 주장을 뒷받침할 증거를 선택적으로 제시하고 자신의 주장과 다른 진실은 애써 외면한다. 이는 그들이 자신의 신념과 일치하는 정보는 받아들이고 신념과 일치하지 않는 정보는 무시하는 '확증 편향(確證 偏向)'에 사로잡혀 있기 때문이다.[12]

개인뿐만 아니라 집단도 확증 편향을 하고 있다. 정부, 언론, 기업, 진보·보수 등 모든 집단이 상황에 따라 편향과 왜곡을 일삼는다.

즉 정부는 자신의 정책적 입장을 강화하기 위해 선택적 정보를 사용하고, 언론은 과장된 가짜 뉴스를 양산해 편파 보도를 일삼으며, 기업은 허위와 과장 광보로 소비자를 기만한다. 또한, 진보는 진보에 기반한 정보만을, 보수는 보수에 기반한 정보만을 홍보한다.

만일 이들의 말을 곧이곧대로 믿는다면 사고의 유연성은 사라지고 편견은 강화될 것이다. 따라서 이런 오류를 피하려면 '봐 맞지!'가 아닌 '맞는 걸까?'라는 사고가 필요하다.

보는 것이 다가 아니고 듣는 것이 다가 아니다. 보고 싶은 것만 듣고, 듣고 싶은 것만 들으려고 해서는 안 된다. 의심하고 또 의심해야 한다. 여러 개의 창문을 통해 다양한 상황을 그려봐야 한다. 거짓과 사실이 뒤섞여 정보가 제공되는 사회에서는 의문을 품고 검증하는 자세가 필요하다.

"확증에 빠지지 말자. 사실 속에서도 거짓이 숨어 있고, 거짓 속에서도 진실이 묻어 있다."

귀천은 없지만, 차별은 있다

사회는 "직업에는 귀천이 없다."라고 말한다. 맞는 말이다. 어떤 직업이든 그 자체로 의미와 역할이 있고, 모든 직업은 동등하게 존중받아야 하며, 직업으로 다른 사람을 평가하지 말아야 한다.

하지만 현실은 사뭇 다르다. 블루칼라, 화이트칼라, 그레이칼라, 골드칼라 중 어느 직업군에 있느냐에 따라 사람들의 눈빛과 말투가 달라진다.[13] 이는 직업이 소득 수준, 업무 환경, 사회적 지위 등에 다른 계급장을 붙이고 있기 때문이다.

직업에 귀천이 없다는 말은 '귀한 직업도 천한 직업도 없다.'라는 의미이지 '좋은 대접도 나쁜 대접도 없다.'라는 의미가 아니다. 계급장이 있는 한 차별은 언제나 현재 진행형이다.

경제학 용어 중 '사용가치'와 '교환가치'가 있다. 사용가치는 재화의 유용성 또는 효용을 의미하고, 교환가치는 한 상품과 다른 상품과의 교환비율을 의미한다.[14]

물과 다이아몬드를 보자. 생존에 필수적인 물의 사용가치는 다이아몬드보다 월등히 높지만, 물의 교환가치는 다이아몬드보다 턱없이 낮다. 이는 공급량이 많은 물에 비해 공급량이 적은 다이아몬드가 희소성으로 인해 더 비싸게 대우받기 때문이다.

직업도 이와 같다. 특정 직업에 대한 수요가 높고, 그 직업을 가질 수 있는 사람들의 수가 적으면 희소성은 높아진다. 사 자 직업(소득이 높은 전문직)이 3D 직업(Difficult, Dirty, Dangerous)보다 사용가치는 낮지만, 교환가치가 높은 것도 희소성 때문이다.

직업은 희소성의 차이로 다른 가치가 부여된다. 이 가치가 소득을 나누고, 근무 환경을 나누며, 나아가 사회적 지위를 나눈다. 소득이 다르고, 업무 환경이 다르며, 사회적 지위가 다른데 차별이 없다고 말할 수는 없다.

희소성↑ → 가치↑ → 대우↑

희소성↓ → 가치↓ → 대우↓

많은 사람이 "공부 안 하면 커서 이런저런 일을 한다.", "이런저런 일을 하는 사람도 대우받아야 해."라는 말을 종종 한다. 두 문장은 다른 표현 같지만 같은 의미를 담고 있다. 직업에는 차별이 존재하고, 사회 시선도 차별이 존재한다는.

소득 수준, 업무 환경, 사회적 지위 등의 차이가 차별을 만든다. 어떤 직업을 선택할 것인가는 개인의 자유이다. 하지만 그 선택에는 적지 않은 대가가 따를 것이다.

"우리는 마음속에 직업에 대한 귀천을 품고 있다. 단지 대놓고 말하지 못할 뿐이다."

배부른 돼지가 배고픈 소크라테스보다 낫다

"최대 다수의 최대 행복"으로 널리 알려진 질적 공리주의 철학자 존 스튜어트 밀(John Stuart Mill)은 "만족스러운 돼지보다 불만족스러운 인간이 되는 것이 낫고, 만족스러운 바보보다 불만족스러운 소크라테스가 낫다."라는 철학 명언을 남겼다. 돈이나 권력 등 물질적 풍요보다는 정신적 가치의 소중함을 일깨우고 싶었기 때문이다.

굳이 밀의 말을 빌리지 않더라도 많은 사람이 "정신적 가치가 물질적 풍요보다 중요하다."라고 강조한다. 그리고 이를 뒷받침하는 증거로 나라별 행복지수를 제시한다. 잘사는 나라의 행복지수가 꼭 높은 것만은 아니며, 가난한 나라의 행복지수가 꼭 낮은 것만은 아니라는 것이다.

하지만 이는 사실과 거리가 있다. 과거 행복지수가 높았던 부탄은 현재 행복지수가 낮은 나라로 전락했다. 인터넷이 발달하면서 잘사는 나라의 사람들과 자신들을 비교하기 시작했고, 이를 통해 자국의 가난함을 알게 되면서 더는 행복하지 않은 나라로 변한 것이다.[15]

우리는 비교가 일상화된 사회에 발을 딛고 있다. 이런 사회에서 물질적 풍요는 삶의 전제 조건이다. 물질적 풍요 없는 정신적 가치는 공염불에 불과하다. 그림의 떡일 뿐이다.

물질적 풍요가 없다면 삶은 피폐해지고 불안정해진다. "우리 사회가 물질적 풍요를 넘어 정신적 가치에 귀를 기울여야 한다."라고 말하는 사람들은 이미 물질적 기반을 갖춘 사람들이다. 그들의 말에 현혹돼서는 안 된다.

물질적 풍요는 생존의 영역이고, 정신적 가치는 생활의 영역이다. 생존이 보장되어야만 생활로 넘어갈 수 있는 법이다. 어떤 것을 우선순위에 놓아야 할지는 분명하다.

미국 월가의 실화를 바탕으로 한 영화 〈더 울프 오브 월스트리트(The Wolf of Wall Street)〉는 욕망에 사로잡힌 증권가 금융인의 모습을 그리고 있다. 이 영화에서 주인공 조던 벨포트는 한마디 말을 던진다. "이 세상은 돈이 전부야. 맛있는 음식, 예쁜 여자, 비싼 차, 넓은 집 뭐든 가질 수 있게 해주거든. 내가 속물 같다고? 그렇게 생각한다면 맥도날드에서 평생 아르바이트나 해."라고.[16]

우리는 이런 사회에 살고 있다. 배고픈 소크라테스는 우리 삶을 책임져 주지 못한다. 배부른 소크라테스가 될 수 없다면 차라리 배부른 돼지가 되는 것이 낫다.

"물질적 풍요 없는 정신적 가치는 허상이다. 그 허상에 홀리면 사회로부터 버려질 뿐이다."

(Chapter 3.)

공부

많은 사람이 "공부가 인생의 전부는 아니다."라고 말한다. 하지만 불행하게도 유명한 대학, 근사한 직장, 반듯한 배우자, 안정적 노후 등은 공부와 밀접히 관련되어 있다. 공부를 잘할수록 더 많은 기회가 찾아오고 더 좋은 선택을 할 수 있다.

물론 내 인생을 밝힐 다른 길, 다른 문이 있다면 공부하지 않아도 된다. 하지만 타고난 재능이 없다면 그 길은 좁을 것이고, 그 문은 작을 것이다. 게다가 그 길이, 그 문이 나에게 열려 있다고 과연 장담할 수 있을까.

공부에 눈을 감으면 사회에 나가서 깨닫게 된다. 공부할 때의 고통보다 공부하지 않아 받게 된 고통이 더 크다는 것을. 왜 그토록 공부하라고 했는지를. 가진 것 없이 태어난 사람에게 공부가 어떤 의미인지를.

공부 없이 기회는 없다

인간적인 삶을 영위하기 위해서는 개인의 경제력이 매우 중요하다. 돈이 있어야 삶에 필수적인 의식주뿐만 아니라 취미나 문화생활, 여가활동 등 최소한의 라이프스타일을 누릴 수 있다.

개인의 경제력은 학력, 직업, 인맥 등에 의해 결정된다. 특히 학력은 사회 진입 문턱을 낮춰 더 높은 경제적 가치를 창출하도록 도와준다. 이는 고졸 출신과 대졸 출신 간 임금 격차, 명문대 출신과 비명문대 출신 간 취업 격차, 인기학과 출신과 비인기학과 출신 간 직업 격차 등을 보면 알 수 있다.

누군가는 이에 반론을 제기하며, "빌 게이츠(Bill Gates,), 스티브 잡스(Steve Jobs), 마크 저커버그(Mark Zuckerberg)도 대학 중퇴자이다. 좋은 학력이 없어도 나도 그들처럼 될 수 있다."라고 말할지 모른다. 하지만 그들은 단순한 대학 중퇴자들이 아니다. 대학 중퇴자이기 이전에 뛰어난 재주와 능력을 갖춘 사람들이었다.

좋은 직업, 근사한 직장, 높은 연봉 등은 한정되어 있다. 그 자리가 어떤 기준으로 채워지고 있을까. 능력일까. 아니다. 능력을 확인하는 데는 시간과 비용이 든다. 사회는 시간 절약을 위해, 비용 절감을 위해 학력을 본다.

많은 사람이 못사는 근본적 이유는 무엇을 배우지 못해서가 아니라 기회를 잡지 못해서이다. 학력을 갖추지 못해 기회에 다가갈 수 없었기 때문이다.

공부는 선택이 아닌 필수이다. "공부 잘한다고 잘사는 것도 아니고, 공부 못한다고 못사는 것도 아니다."라고 말하지 말자. 기댈 곳이 없고, 의지할 사람도 없으며, 타고난 재능조차 없는 사람에게 공부는 그냥 공부가 아니다.

세월이 흘러도, 시대가 바뀌어도 "공부 못하면 먹고살기 힘들다."라는 말은 언제나 진리이다.

'나는 공부에 소질이 없나 봐.'라고 생각하지 말자. 이런 생각이 자신의 발전을 막게 한다. '나는 공부를 해도 안 돼.'라고 생각하지 말자. 이런 생각이 자신의 노력을 멈추게 한다.

공부를 못해도 되는, 공부를 안 해도 되는 핑곗거리는 어디에도 없다. 인간적인 삶을 영위하기 위한 기회를 얻고 싶다면 공부에 소홀해서는 안 된다. 사회로부터 기회를 얻느냐 못 얻느냐는 공부에 달려 있음을 새겨야 한다.

"공부가 멈추면 기회도 멈추고, 기회가 멈추면 삶도 멈춰진다."

고등학교 3년이 80년을 좌우한다

《뉴욕타임스》가 유엔의 세계 인구 추계를 인용해 보도한 바에 따르면 2050년에는 대한민국이 홍콩에 이어 가장 고령화된 국가 2위를 차지할 것으로 전망됐다.[17] 홍콩이 중국의 특별행정구역임을 고려하면 사실상 1위 국가는 대한민국인 셈이다.

하지만 최소한의 경제적 여유를 확보하지 못한 채 맞이해야 하는 장수 인생은 축복이 아닌 재앙이다.

이런 이유로 장수 시대를 대비하는 자세를 다룬《100세 인생》의 저자인 영국 런던 경영 대학원 린다 그래튼(Lynda Gratton) 교수는 "한국인의 기대수명이 지금처럼 빠르게 증가하면 2017년에 태어난 아이의 기대수명은 107세를 넘게 된다."라

며 "독자 중에서 50세 미만인 사람은 100세 인생을 준비해야 할 것이다."라고 밝히기도 했다.[18]

100세 인생을 준비하는 첫 관문은 고등학교 시절이다. 고등학교 3년은 진로를 결정하는 시기로 이 시기를 어떻게 보내느냐에 따라 대학, 직업, 소득의 차이가 발생하고, 이로 인해 노후 또한 달라진다. 고등학교 3년이 남은 80년을 좌우하는 것이다.

물론 대한민국 고등학생으로 사는 일은 힘들고 고단하다. 아침에 일찍 일어나 밤늦은 시간까지 공부해야 하고, 감당해야 할 학업 부담은 크며, 과도한 입시 스트레스에 노출되어 있다.

하지만 공부 안 한 고통은 평생 간다. 공부하지 않으면 머리가 아닌 손발 쓰는 직업에 종사해야 하고, 먹고살기 바빠 건강을 돌볼 여유가 없게 되며, 사회적 지원에 의존해 노후를 버텨내야 한다.

이를 알고도 고등학교 3년을 대강대강 지낼 것인가. 그냥 허송세월로 흘려보낼 것인가. 공부하지 않고 논다면 인생을 망칠 것이다.

더욱이 세상에 공짜는 없다. 무엇을 얻기 위해서는 그것에 해당하는 대가를 지급해야 한다. 공부도 마찬가지이다. 그렇지만 공부는 최고의 가성비를 제공한다. 고등학교 3년을 지급하면 남은 인생 80년의 가능성이 커진다.

이 얼마나 좋은 투자인가. 고등학교 3년을 그냥 보내면 그만큼 좋은 투자 기회를 날린다는 사실을 각인해야 한다.

"고등학교 3년은 100세 인생의 3.33%이지만 남은 80년의 궤적을 바꾼다."

학벌은 사회 속 우산이다

우리 사회가 능력주의, 성과주의를 중시하는 방향으로 가면서 이제는 학벌만으로 장밋빛 미래가 보장되지 않는다. 가방끈의 길이를 넘어 능력과 실력이 미래를 여는 중요한 요인이 되고 있다.

그렇다고 학벌주의 사회가 약화한 것은 아니다. 대한민국의 SKY, 미국의 아이비리그, 영국의 옥스브리지, 프랑스의 그랑제콜, 중국의 구교연맹 등 학벌은 정도 차이만 있을 뿐 세계

각국에 여전히 존재한다.[19]

학벌주의가 존재하는 이유로 세 가지를 들 수 있다. 학벌이 개인적 측면에서 자부심의 차이를 낳고, 경제적 측면에서 소득 격차를 초래하며, 사회적 측면에서 계층 간 이동을 불러오기 때문이다. 이는 학벌의 다음과 같은 기능에 기인한다.

학벌의 기능

① 개인 능력을 판단하는 기준

② 타인의 긍정적 시선과 평가

③ 취업, 승진, 결혼 등의 주요 조건

④ 집단 내에서 지위 획득 창출

⑤ 계층 상승을 위한 사다리 역할

이와 같은 학벌의 기능이 지속하는 한 학벌은 사라지지 않을 것이다. 좋은 대학을 나오지 못했어도 미래를 꿈꿀 수 있는, 행복한 삶을 그릴 수 있는 세상은 찾아오지 않을 것이다.

우리 사회는 여전히 학벌주의 사회이다. 이런 사회에서 학벌은 힘이다. 비바람이 몰아치는 험난한 세상에서 나를 보호하는 우산이다.

내 우산은 어떤 우산일까. 대형 우산일까, 소형 우산일까, 아니면 망가진 우산일까. 어떤 우산을 들고 세상에 나설지는 내가 만든 학벌로 결정될 것이다.

내가 원하든 원하지 않든 학벌은 나와 사회, 나와 세상을 끊임없이 매개한다. 이것이 바로 학창 시절에 집중해야 하는 이유이다.

"학벌은 사회에서 살아남을 기초체력이다. 기초체력 없이 사회에서 건강할 수 없다."

나는 새도 깃을 쳐야 날아간다

같은 시간을 들여도 뛰어난 지능이나 타고난 재능으로 인해 더 빨리 배우고 더 많이 받아들이는 사람들이 있다. 이로 인해 "공부는 유전이다.", "예체능은 타고나야 한다."라는 말이 쓰이곤 한다. 반은 맞고 반은 틀린 말이다.

미국 심리학자 앤더스 에릭슨(Anders Ericsson)은 독일의 한 음악 아카데미 소속 바이올린 연주자들을 실력에 따라 세 집단

(상위, 중간, 하위)으로 나누고 그들의 연습 시간을 조사했다. 그 결과 하위 집단은 약 4천 시간을, 중간 집단은 약 8천 시간을, 상위 집단은 약 1만 시간을 연습했다고 한다. 연주 실력과 연습 시간이 비례한 것이다.[20]

노력은 성장과 발전을 위한 핵심 요소이다. 지능이 아무리 뛰어나도, 재능을 아무리 타고나도 노력 없이 최대 성과를 창출할 수 없다. 천재라고 평가받는 발명왕 토머스 에디슨(Thomas Edison)도, 곤충학자 장 앙리 파브르(Jean Henri Fabre)도 천재가 아니었다. 에디슨은 학교에 적응 못 해 바보 취급을 받았고, 파브르는 벌레에 정신 팔려 모자란 사람 취급을 받았다. 그런 그들을 천재로 만든 것은 노력이었다.

공부도 마찬가지이다. 중요한 것은 지능이나 재능이 아니라 노력이다. "나는 새도 깃을 쳐야 날아간다."라는 속담처럼 노력하지 않으면 지능이나 재능도 마음껏 꽃피울 수 없다.

공부는 단거리 경주가 아니다. 초등학교 6년, 중학교 3년, 고등학교 3년, 대학교 4년, 나아가 그 이상을 뛰는 마라톤 경주이다. 마라톤에서 필요한 것은 토끼의 재능이 아니라 거북이의 끈기이다. 천재 물리학자 알베르트 아인슈타인(Albert Einstein)의 "나는 똑똑한 것이 아니다. 그저 문제를 더 오랫동안 연구할 뿐이다."라는 말처럼 묵묵히 계속해 나가야 한다.

물론 공부를 하다 보면 때려치우고 싶은 순간이 찾아올 때가 있다. 그럴 때는 '가진 것 없이 태어난 사람에게 공부는 선택이 아닌 생존이다.'라는 사실을 상기하자. 공부해야 할 더 이상의 이유는 필요하지 않다.

"공부는 머리 좋은 사람이 아니라 엉덩이가 무거운 사람이 승리한다."

떠나도 배워야 살아남는다

우리는 산업구조의 변화, 경기 침체, 고령화로 인해 평생직장의 개념이 사라진 사회에 살고 있다. 정리해고, 권고사직, 명예퇴직, 희망퇴직이 흔하게 벌어지고 있다.

이에 따라 파트타임, 프리랜서, 일용직 노동자 등이 자연스럽게 증가하고 있다. 또한, 본업에 더해 투잡(two job), 쓰리잡(three job) 등 부업하는 사람도 급증하고 있다.

한 취업 정보 전문 업체의 조사에 따르면 직장인 10명 중 4명이 자기 계발을 하는 것으로 나타났다. 그들 중 과반수가 그 이유로 "고용에 대한 불안과 퇴사 후를 대비하기 위해서"라고 말해 고용불안이 얼마나 일상화되어 있는지를 여실히 보여준다.[21]

이처럼 고용불안이 일상화된 사회에서는 학교 교육만으로 한계가 있다. 학교에서 배울 수 있는 범위는 제한되어 있고, 학교에서 배운 지식과 기술은 시간이 지남에 따라 낡은 것이 되기 때문이다.

따라서 태어나서 죽을 때까지 전 생애에 걸쳐 지식, 기술, 역량을 향상하는 평생 학습은 선택이 아닌 필수가 되고 있다. 이는 평생에 걸친 학습 활동이 다음과 같은 기능을 수행하기 때문이다.

평생 학습의 기능

① 자기 발전과 성장의 기회

② 개인적 만족과 성취감 증대

③ 지식과 기술 습득을 통한 경쟁력 강화

④ 사회 변화에 맞춘 능동적 대응

⑤ 사회적 네트워크의 확대

지금은 평생 학습의 시대이다. 죽는 순간까지 공부를 손에서 놓아서는 안 된다.

미국 사회학자 벤저민 바버(Benjamin Barber)는 "나는 세상을 강자와 약자, 성공과 실패로 나누지 않는다. 다만 배우는 자와 배우지 않는 자로 나눈다."라고 했다. 그가 말하고 싶었던 것은 배움의 자세였다. 하지만 그 이면에는 배우는 자가 살아남을 수 있고, 살아남는 자가 성공할 수 있다는 사실을 알았기 때문이다.

공부는 학창 시절에 끝나는 것이 아니라 평생 하는 것이다. 스스로 가치를 높이기 위해서, 자신의 경쟁력을 확보하기 위해서, 사회 변화에 대응하기 위해서 학교를 떠나서도 배움에 소홀해선 안 될 일이다.

"사회는 학교처럼 학기도 학년도 졸업도 없다. 계속 배우고, 끊임없이 성장해야 한다."

(Chapter 4.)

신념

신념은 한 사람의 인생에 중요한 역할을 담당한다. 삶의 목표와 방향을 제시하고, 그에 따라 행동하게 하며, 힘든 상황에서도 포기하지 않는 힘을 준다.

하지만 신념에 지나치게 사로잡히면 편협된 사고에 빠짐으로써 다양한 시각과 관점을 무시하게 된다. 이로 인해 공공의 이익에 반하는 행동을 하거나, 반인륜적이고 반사회적인 행태를 보이기까지 한다.

이처럼 신념은 개인이나 사회에게 큰 영향을 미친다.

따라서 신념이 길을 벗어나지 않도록 신념을 객관화하고 성찰하자. 신념의 한계와 오류를 들여다보자. 그래야만 신념이 잘못된 방향으로 흐르지 않고 제 길을 가게 될 것이다.

신념은 아름답지만 고달프다

신념은 매 순간 현실의 벽에 봉착한다. 신념 고수로 인한 불이익, 경제적 곤란, 가족의 만류, 타인과의 갈등, 주변 사람이 겪는 불편 등이 신념을 흔들기 때문이다.

특히 신념이 대중들의 조롱과 멸시, 냉소와 경멸을 받는 상황에 부딪치면 신념은 크게 흔들린다. 이런 경우 대부분 사람은 신념을 포기하고 현실과 타협하지만, 소수는 현실에 굴복하지 않고 신념을 지킨다.

우리가 "신념을 위해 살다간 사람은 아름답다."라고 하는 이유도 그들이 "현실과 동화해 살아야지.", "이기적으로 살아도 돼."라는 현실의 속삭임과 유혹을 이겨낸 사람이기 때문이다.

제2차 세계대전에 참전해 75명의 생명을 구한 미국 데스몬드 도스(Desmond Doss)의 전쟁 실화를 그린 영화 〈핵소 고지(Hacksaw Ridge)〉에서 주인공 도스는 개인적, 종교적 신념으로 무기를 쓸 일이 없는 의무병으로 입대한다. 하지만 총기 훈련마저 거부해

군 조직과 동료 병사들에게 놀림과 멸시를 받게 된다. 그렇지만 그는 신념을 굽히지 않고 총기 없이 의무병으로 참전해 전투에서 다친 많은 동료를 구해내며 명예훈장을 받는다.[22]

결국은 명예훈장을 받았지만, 총기 훈련을 거부한 도스의 군 생활은 험난 그 자체였다. 조롱과 무시, 냉소와 경멸, 비난과 야유 등의 대가를 치르면서 많은 아픔과 고통을 맛보았다.

물론 아픔과 고통 속에서 신념을 저버리지 않은 도스 같은 삶은 아름답다. 하지만 그만큼 고달프다. 혹독한 현실을 마주해야 하고, 현실의 무게를 감내해야 한다. 지켜야 할 가족, 책임질 누군가가 있다면 더욱 그렇다.

신념을 지키면서 살아가는 사람과, 현실과 타협하며 살아가는 사람 중 어떤 사람이 되고 싶은가. 전자라면 아름답지만 고달픈 삶과 함께할 것이고, 후자라면 평범하지만 무난한 삶과 함께할 것이다.

선택은 자신의 몫이다. 다만 현실과 타협한다고 변절은 아니다. 부당한 이익을 취하고, 부정한 행위를 하는 것이 아니라면 말이다.

더욱이 현실에서 벗어난 100% 신념보다는 현실을 수용한 70% 신념이 나을 수 있다. 현실을 수용한 신념이 세상에 작은 발자취라도 남길 수 있기 때문이다.

"신념은 현실과 줄다리기를 한다. 신념을 당길수록 고달픔은 가까워지고, 현실을 당길수록 고달픔은 멀어진다."

신념이 강할수록 독선은 강화된다

'내 신념은 옳다.'라는 생각만큼 위험한 신념은 없다. 이념이 낳은 사상 탄압, 유일신 신앙이 낳은 종교 탄압, 우월주의가 낳은 인종 탄압, 문화가 낳은 인권 탄압 등이 이런 신념에서 비롯됐고, 세계 각국의 분쟁도 이런 신념이 초래한 결과물이다.

이 때문에 노벨 평화상을 수상한 미국 전 대통령 버락 오바마(Barack Obama)는 "나의 신념은 어느 정도의 의심은 인정하는 신념이다."라며 "자신의 신념을 냉정하게 바라봐야 한다."라고 강조했다. 신념이 지나치면 독선에 빠진다는 것을 알았기 때문이다.

또한, 프리드리히 니체(Friedrich Nietzsche)도 "강한 신념이야말로 거짓보다 더 위험한 진리의 적이다."라며 신념이 강한 사람을 경계했다. 니체의 관점에서 강한 신념은 절대적 가치가 아니었고, 강한 신념이 오히려 투쟁을 불러왔기 때문이다.

오바마와 니체의 통찰처럼 신념이 강해지면 독선은 강화된다. 그리고 강화된 독선은 대립과 반목, 갈등과 혼란, 낙인과 차별을 불러온다.

미국에서 성경 다음으로 영향력이 있다는 하퍼 리(Harper Lee)의 소설 《앵무새 죽이기(To Kill a Mockingbird)》는 신념이 얼마나 무서운가를 보여준다. 소설 속 백인 변호사는 백인 여성을 성폭행한 혐의를 쓰고 억울하게 구속된 흑인 피고인을 위해 마을 사람들의 협박을 받으면서까지 변호한다. 하지만 명확한 무죄 증거가 있었음에도 백인들로 구성된 배심원들은 흑인 피고인에게 유죄 판결을 내린다. 흑인에 대한 강한 신념, 즉 편견과 선입견이 독선을 불러온 결과였다.[23]

이처럼 강한 신념은 소설 속 흑인 피고인과 같은 수많은 앵무새를 양산할 수 있다. 다른 사람과 사회를 위험에 빠뜨릴 수 있다.

따라서 신념이 강할수록 신념을 돌아봐야 한다. '내 신념이 옳다.'라는 독선에 빠져 내 사고를 타인에게 강요하거나, 타인의 사고를 배척하지 않는가를 살펴야 한다.

이를 위해 신념을 때때로 객관화해 볼 필요가 있다. '내 신념이 세상과 얼마나 대화하고 있는가'를. '세상의 변화에 맞춰 성장하고 있는가'를. 그 과정을 통해 신념이 정진하고 독선에 빠지지 않을 것이다.

"변하지 않은 신념이 바른 것도 아니고, 변한 신념이 그릇된 것도 아니다. 다만 경계할 것은 신념이 안주하는 것이다."

바른 신념은 귀를 열고, 그른 신념은 귀를 닫는다

'신념 고착(信念 固着)'이란 말이 있다. 이는 자신이 가진 신념에 집착하는 현상을 말한다. 신념 고착이 활성화되면 인간은 기존 신념을 보호하기 위해 신념을 뒤흔들 수 있는 정보를 스스로 거부함과 동시에 기존 신념을 더욱 고착화하려고 한다.[24]

이로 인해 신념이 좋은 의사 결정을 방해하는 경우가 종종 발생한다. 자신의 신념을 보호하기 위해 신념과 일치하는 사실만을 받아들이고 일치하지 않는 사실을 거부하게 해 올바른 판단을 가로막기 때문이다.

신념 고착의 작동을 방지하기 위해서는 다양한 시각을 통해 자신을 여러모로 바라보는 자기 검증, 그리고 다른 사람들의 의견을 경청하는 열린 마음이 필요하다.

신념 고착의 작동 방지

① 다양한 의견과 관점 수용

② 자신에 대한 비판적 사고 유지

③ 신념을 만든 사실에 관한 토론과 논증

④ 다른 사람들의 감정, 생각, 행동에 대한 이해

⑤ 자기 신념에 대한 다른 사람들의 반응과 대응 확인

미국 공화당 대통령 후보였던 존 매케인(John McCain)은 군비 확장을 주장하는 보수 정치인이었지만, 사회나 경제 분야에서는 민주당과도 협조하는 초당적 태도를 보였다. 이로 인해 그는 공화당 내에서 '매버릭(maverick, 이단아)'으로 불렸다. 하지만 그에게 보수와 진보는 적이 아니라 경쟁의 대상이었다. 자신의 신념을 믿었지만, 타인의 신념도 존중했다.

이처럼 신념은 일방통행이 아니라 쌍방통행이 돼야 한다.

자신의 신념이 중요한 만큼 타인의 신념도 인정하고 공유해야 한다. 타인의 신념은 틀린 신념이 아니라 다른 신념이고, 다른 신념은 내가 간과한 부분을 짚어줄 수 있기 때문이다.

더욱이 바른 신념도 귀를 닫으면 그른 신념이 될 수 있고, 그른 신념도 귀를 열면 바른 신념이 될 수 있다. 바른 신념이라도 귀를 닫으면 갈등과 분열을 조장할 수 있고, 그른 신념이라도 귀를 열면 화해와 통합을 가져올 수 있기 때문이다.

유튜브의 알고리즘을 보자. '구독'한 채널은 이용자의 화면에 지속해서 노출되고, '좋아요'를 누른 영상은 시청 기준이 돼 같은 성향의 영상이 계속 추천된다. 이로 인해 사고의 편향성은 더 깊어지고 더욱 강화된다.

신념도 유튜브와 같다. 귀를 닫으면 자신의 언어가 추천되고, 귀를 열면 다른 사람의 언어가 추천된다. 귀를 닫으면 불통의 길이 열리고, 귀를 열면 소통의 길이 열리는 것이다.

따라서 신념은 혼자서 중얼거리는 독백이 아니라, 마주 보며 주고받는 대화가 돼야 한다. 혼자 흐르지 않고 같이 흘러야 한다. '틀린 그림'만을 보지 않고 '다른 그림'을 같이 볼 때 신념이 빛난다는 사실을 명심하자.

"신념이 귀를 열면 소통이라는 플러스를 얻고, 신념이 귀를 닫으면 불통이라는 마이너스를 얻는다."

신념이 항구라면 돈은 방파제이다

우리는 신념을 지켜내며 뛰어난 업적을 남긴 사람들을 위인, 열사, 의사 등으로 칭하며 존경한다. 그들의 열정과 용기, 인내와 의지에 갈채를 보내며 그들의 삶을 본받고자 한다.

반면에 신념을 내던지며 기회주의적 행태를 보인 사람들을 철새, 변절자, 배신자 등으로 칭하며 경멸한다. 그들의 변심과 타락, 부패와 탐욕을 손가락질하며 그들의 삶을 반면교사로 삼는다.

왜 누군가의 신념은 지켜지고, 누군가의 신념은 내던져지는 것일까. 이는 신념에 대한 믿음 차이 때문일까, 아니면 신념에 대한 의지 차이 때문일까.

그 이유가 무엇이든 한 가지 분명한 점이 있다. 많은 사람이 신념을 포기하는 과정 속에는 대부분 경제적 어려움이 도사리고 있다. 자신을 잘 챙길 수 없어서, 가정을 꿋꿋이 책임질 수 없어서, 부모님 노후를 똑바로 보살필 수 없어서, 누군가를 굳건히 책임질 수 없어서 신념을 떠나보낸다.

세기의 풍자 소설로 꼽히는 《동물농장(Animal Farm)》을 쓴 영국 작가 조지 오웰(George Orwell)은 계급 의식을 풍자하고, 사회 부조리를 고발한 작가로 유명하다. 하지만 그런 그조차 생계를 위해 수백 편의 칼럼과 서평, 수필을 써야 했고, 그가 쓴 생계 목적의 글은 사회 현실과 타협해 표현 강도를 절충할 수밖에 없었다.

따라서 신념을 위해서는 돈이 필요하다. 돈이 있어야 신념을 지킬 수 있다.

'테트라포드(tetrapod) 방파제'를 본 적이 있을 것이다. 테트라포드는 중심에서 사방으로 네 개의 뿔 모양 발이 나와 있는 콘크리트 구조물로 방파제에서 바다의 물결이나 파도를 막아 항구를 보호하는 역할을 한다. 어떻게 놓아도 테트라포드의 세 꼭짓점은 바닥에 닿아 튼튼한 구조물이 된다.

돈은 테트라포드 방파제와 같다. 현실의 거센 물결과 파도에 맞서 신념을 보호하는 역할을 한다. 테트라포드가 많을수록 항구를 잘 감쌀 수 있듯이 돈이 많을수록 신념을 잘 간직할 수 있다.

신념과 돈, 둘을 같이 프로그래밍해야 한다. 신념과 돈이 따로 간다면 신념은 반드시 시험대에 오를 것이다. 신념 옆에 가난을 두지 않는 것, 그것이 신념을 지키는 가장 확실한 방법이다.

"신념을 품은 사람에게 가난은 관문이 된다. 많은 사람이 신념을 포기하는 이유도 가난이 발목을 잡기 때문이다."

개인적 가치와 사회적 가치, 선택은 자유이다

한 개인이 추구하는 신념은 사적 신념과 공적 신념으로 나눌 수 있다. 사적 신념은 일, 사랑, 행복 등 개인적 가치 추구와 관련된 신념을 의미하고, 공적 신념은 정의, 인권, 평등 등 사회적 가치 추구와 관련된 신념을 의미한다.

개인적 가치 추구와 사회적 가치 추구가 조화를 이룬다면 좋을 것이다. 하지만 두 가치가 충돌하는 상황이라면 어떤 가치를 우선시해야 할까. 나를 위한 가치일까, 아니면 사회를 위한 가치일까.

학교는 우리에게 "사회적 가치를 생각하라."라고 가르쳐 왔다. 사회는 우리에게 "개인적 가치를 양보하라."라고 외쳐왔다. 그리고 세상은 사회적 가치 추구는 이타주의로 찬양하면서 개인적 가치 추구는 개인주의로 비판해 왔다.

우리 삶을 잠시 돌아보자. 우리는 매 순간 사회적 외침의 눈치를 본다. "넌 배려가 좀 부족해.", "넌 너무 개인주의적이야.", "네 위주로만 세상을 바라볼 거니."라는 말을 듣는 것을 경계한다. 이로 인해 나를 드러내고, 나를 내세우고, 나를 앞세우는 것을 꺼린다.

하지만 나 아닌 누구도 내 삶을 책임지지 않는다. 다른 사람들의 목소리에 귀를 기울일 필요도, 자신만의 목소리를 내는데 망설일 필요도 없다.

눈치를 보지 말자. 개인적 가치는 하위의 개념도, 비교의 문제도, 평가의 대상도 아니다. 개인적 가치 추구가 비난받을 때는 사회적 가치를 해치면서 개인적 가치를 추구했을 때뿐이다. 사회적 가치를 침범하지 않는다면 개인적 가치 추구에 당당하지 못할 이유가 없다.

선택은 자유이다. 자신을 잘 챙기고 싶으면 개인적 가치를, 타인을 잘 챙기고 싶으면 사회적 가치를 추구하면 된다. 다만 한 가지, '해도 되는 일'은 하되 '해서는 안 되는 일'은 하지 않으면 된다. 그것만이 유일한 잣대이다.

"개인적 가치는 사복(私服)이고, 사회적 가치는 제복(制服)이다. 어느 옷이든 자신의 기준에 맞춰 입으면 된다."

(Chapter 5.)

도전

사람은 누구나 꿈을 가지고 있다. 하지만 꿈을 이룬 사람들은 소수이다. 이는 대부분 사람이 현실에 안주할 때 소수의 사람만이 도전에 나섰기 때문이다.

하지만 도전은 누구에게나 열려 있다. 우리도 도전하면 그들처럼 꿈을 이룰 수 있다. 미래를 향해 발을 내디디고 싶다면 실패를 두려워하지 말고 도전에 나서야 한다.

지금 안주하면 현재 내 모습이 미래 내 모습이 되지만, 지금 도전하면 현재 내 모습은 과거 내 모습이 된다. 안주하는 나와 도전하는 나, 답은 분명하다.

도전에 다음은 없다. 꿈만 꾸다가는 아무것도 하지 못한다. 지금 당장 현재와 미래를 도전으로 연결해야 길이 열릴 것이다.

도전하는 사람이 미래를 지배한다

과거와 현재, 현재와 미래는 유기적으로 작용한다. 현재는 과거 선택이 만들어 낸 결과이며, 미래는 현재 선택이 만들어 낼 결과이다. 따라서 현재 내 모습은 과거 노력에 대한 결괏값이며, 미래 내 모습은 현재 노력에 대한 결괏값일 것이다.

만일 10년 전 내 모습과 지금 내 모습이 별 차이가 없다면 '지금껏 어떻게 달려왔는가?'를 생각해 봐야 한다. 똑같은 시행착오를 겪지 않기 위해서 '앞으로 어떻게 달릴 것인가?'를 형상해 봐야 한다.

그 중심에는 도전이 있다. 도전이 미래를 만든다.

컬럼비아대학교 총장을 지낸 미국 정치가 니콜라스 버틀러(Nicolas Butler)는 "세상에는 세 종류의 사람이 있다. 무엇인가를 창조하는 소수의 사람, 무엇이 창조되는지 구경하는 수많은 사람, 그리고 무엇이 창조되는지 모르는 대다수의 사람이다."라고 했다. 세 종류의 사람 중 세상을 이끄는 사람은 창조하는 사람이다.

도전도 마찬가지이다. 도전하는 사람, 도전을 지켜보는 사람, 도전조차 모르는 사람이 있다. 첫 번째 사람은 자신의 인생을 개척하며 살아가고, 두 번째 사람은 그저 그런 평범한 인생을 살아가며, 세 번째 사람은 인생의 밑바닥을 전전하며 살아간다. 도전을 지켜보거나 모르는 사람에게 미래는 없다.

도전하고 싶을 때, 도전을 앞두고 있을 때, 도전하고 있을 때 도전을 수시로 가로막는 질문들이 있다.

도전을 가로막는 질문

① 능력에 대한 질문: 해낼 수 있을까?

② 시간에 대한 질문: 시간을 낼 수 있을까?

③ 비용에 대한 질문: 비용을 감당할 수 있을까?

④ 시선에 대한 질문: 다른 사람이 어떻게 생각할까?

⑤ 나이에 대한 질문: 이 나이에 도전하는 게 맞을까?

⑥ 보상에 대한 질문: 예상한 만큼의 결실이 찾아올까?

이런 질문들은 도전을 의심하고 방해하는 원인이 된다. 이럴 때는 지금 도전이 자신의 삶에 어떤 의미가 있는가에 집중하며 도전을 가로막는 질문들을 떨쳐내야 한다.

'도전하면 성공할 수 있을까?'라는 의문을 품지 말자. 아무도 그 답을 알 수 없다. 한 가지 확실한 것은 도전하면 방법을 찾고, 포기하면 변명거리를 찾는다는 점이다. “상황 때문에 안 된다.”, “무엇 때문에 힘들다.”는 그저 변명일 뿐이다. 우물쭈물 망설이다가는 시간만 속절없이 흘러갈 뿐이다.

아무것도 하지 않으면 아무 일도 일어나지 않는다. 젊은 청년이라도 도전하지 않으면 아무것도 이룰 수 없고, 백발의 노인이라도 도전하면 무엇이라도 이룰 수 있다. 이것이 도전이 주는 의미이고, 도전에 나서야 하는 이유이다.

“현재는 과거를 비춰주는 거울이고, 미래는 현재를 비춰주는 거울이다. 어제와 똑같이 살면서 오늘과 다른 내일을 꿈꿀 수 없다.”

쉼표는 있어도 마침표는 없다

실패는 참 두렵다. 많은 사람이 ‘도전할까, 말까.’ 망설이며 도전에 나서지 못하는 이유도 실패에 대한 두려움 때문이다. 특히 새로운 도전을 마주할 때는 더욱 그렇다.

하지만 처음부터 성공한 사람들은 그리 많지 않다. 성공한 사람들이 겪어온 과정을 들여다보면 고난의 순간들이 묻어 있다. 숱한 도전과 실패 끝에 성공한 예도 있고, 수많은 시행착오를 거치며 결실을 본 예도 있다.

KFC 창업자 커넬 샌더스(Colonel Sanders)는 60대의 나이에 미국 전역을 돌며 자신이 개발한 조리법과 상품명을 사용하는 대가로 이익의 일부를 받는 프랜차이즈 사업을 제안하고 다녔다. 비록 1,000번 넘게 거절당했지만 1,009번째 식당에서 마침내 KFC 1호점을 만들어 냈다.

또한, 농구 역사상 최고의 선수로 평가받는 마이클 조던(Michael Jordan)은 성공 비결을 묻는 기자 질문에 이렇게 대답했다. "저는 선수 생활을 하면서 9,000개 이상의 슛을 놓쳤고, 거의 300경기에서 패배했으며, 승패를 가를 수 있는 결승 슛을 26차례나 놓쳤습니다. 그것이 제가 성공한 비결입니다."라고.

샌더스와 조던이 성공할 수 있었던 이유는 그들이 실패를 결과가 아닌 과정으로 인식했기 때문이다. 실패를 두려워하지 않고 도전에 계속 나섰기 때문이다.

처음 두발자전거 배울 때를 보자. 한 번도 넘어지지 않고 자전거 타기에 성공할 수는 없다. 그럼 이때의 넘어짐을 실패로

봐야 할까, 아니면 과정으로 봐야 할까.

실패는 숨을 고르는 쉼표이지, 끝남을 의미하는 마침표가 아니다. 실패를 통해 성장할 수 있고, 성장을 통해 성공할 수 있다. 실패가 주는 다양한 가르침을 발판 삼아 다시 도전한다면 실패가 성공의 원동력이 될 수 있다.

실패의 가르침

① 기존 접근 방식의 한계 체득 ⇒ 새 접근 방식의 모색

② 자신의 강점과 약점 인식 ⇒ 강점 강화 및 약점 보완

③ 역경과 난관 경험 ⇒ 문제 해결 능력 향상

④ 실패의 데이터 축적 ⇒ 성공을 위한 자료 활용

실패를 두려워하지 말자. 도전이 계속되는 한 실패는 실패가 아니다. 성공으로 가는 과정이다. 실패에서 배우고 다시 일어선다면 도전을 망설일 이유도, 실패했다고 좌절할 이유도 없다.

"도전에 실패하더라도 낙담하지 말자. 포기하지 않는 한 아직 성적표를 받은 것이 아니다."

도전의 기회, 환경의 준비

"인생을 살다 보면 세 번의 기회가 찾아온다."라는 말을 들어봤을 것이다. 하지만 다행인지 불행인지 모르겠지만 이는 현실과 다르다. 누군가에게 기회는 그 이상으로 찾아오고, 누군가에게 기회는 그 이하로 찾아온다.

그럼 기회의 차이는 어디에 기인하는 것일까, 왜 저마다의 기회는 다른 것일까. 혹여 많은 사람의 생각처럼 운이 작용하고 있는 것일까, 아니면 다른 요인이 작용하고 있는 것일까.

기회라는 녀석을 들여다보자. 녀석에게는 두 가지 성질이 있다. 나에게만 찾아오는 특수성, 다른 사람에게도 찾아오는 보편성이 그것이다. 예를 들면 복권 당첨은 특수성의 사례이고, 자격증 획득은 보편성의 사례이다.

보편성의 차이가 기회의 차이를 가져온다. 특수성은 자신의 의지와 상관없이 작동하기에 불러올 수 없지만, 보편성은 자신의 의지와 연관되어 작동하기에 불러올 수 있기 때문이다.

감나무 밑에서 홍시 떨어지기를 기다릴 수는 없는 노릇이다. 특수성의 기회를 바란다면 단 한 번의 기회조차 얻지 못할 수 있다.

따라서 우리가 붙잡아야 하는 기회는 보편성의 기회이다. 보편성의 기회는 지식과 경험, 재주와 능력을 키워 환경을 조성함으로써 얻을 수 있다. 지금껏 기회가 없었다면 환경 조성에 소홀했기 때문이다.

그리스 신화에 나오는 '기회의 신 카이로스(Kairos)'는 특이한 모습을 하고 있다. 앞머리가 풍성한 대신에 뒷머리는 대머리이며, 어깨와 발뒤꿈치에는 날개가 달려 있다. 앞머리가 풍성한 이유는 사람들이 보았을 때 붙잡을 수 있도록 하기 위함이고, 뒷머리가 대머리인 이유는 한번 지나가면 다시 붙잡을 수 없도록 하기 위함이며, 어깨와 발뒤꿈치에 날개가 달린 이유는 빨리 사라지도록 하기 위함이다.[25]

기회는 카이로스와 닮아 있다. 저절로 모습을 드러내지 않는다. 한번 지나가면 다시 붙잡을 수 없다. 어쩌다 찾아온 기회도 바람처럼 사라져 버릴 수 있다.

따라서 기회를 움켜잡으려면 준비에 나서야 한다. 환경을 조성해야 한다. 어떤 기회를 얻고 싶은지 목표를 설정하고(목표성), 설정된 목표를 이루기 위한 구체적 방법을 선정하며(구체성), 선정된 방법을 실행해 나가야 한다(실행성).

기회는 준비(목표성, 구체성, 실행성)라는 세밀함을 통해 얻어지는 산물이다. 준비 없이 기회는 없다. 준비한 사람만이 기회를 찾아내고, 기회를 알아보며, 기회를 잡을 수 있다. 이것이 기회를 대하는 자세이다.

"도전의 기회는 준비된 사람에게 열려 있고, 기회를 열어젖힌 사람이 도전에 성공한다."

상처는 흐려지고, 후회는 선명해진다

사랑 고백과 관련해 "고백은 해도 후회하고, 안 해도 후회한다."라는 말이 널리 쓰인다. 고백을 받아들이지 않으면 사랑을 접어야 하고, 고백하지 않으면 사랑을 묻어야 하기 때문이다.

대부분 사람은 고백하지 않은 채 묻은 사랑을 평생 후회한다. 상대방의 마음을 확인해 보지 못한 아쉬움 때문이다.

도전도 마찬가지이다. 도전하지 않은 아쉬움은 평생 간다. 도전에 실패하면 실패의 가르침을 거울삼아 상처를 흐릴 수 있지만, 도전하지 않은 아쉬움은 후회가 돼 선명해진다.

아마존 창업자 제프 베이조스(Jeff Bezos)는 한 인터뷰에서 "어떻게 잘나가는 회사를 그만두고 창업을 할 수 있었습니까? 창업에는 엄청난 위험이 따르지 않습니까?"라는 질문에 이렇게 대답했다. "80세가 된 제 모습을 생각해 봤습니다. 회사에 남은 제 모습을 평생에 걸쳐 두고두고 후회할 거 같았습니다. 그래서 퇴사 후 아마존 창업을 결정했습니다."라고.

반면에 세계적인 비즈니스 코치이자 사업가인 댄 페냐(Dan Pena)는 "내가 후회하는 것은 아들이 출전하는 축구 경기를 놓친 것이나 딸 졸업식에 가지 못한 것이 아니다. 내 후회 중 하나는 내 목표를 높게 잡지 않았다는 것이다."라며 도전에 나서지 못했던 시간을 후회했다.

선택의 순간, 두 사람을 가른 것은 무엇이었을까. 바로 후회의 발견이다. 베이조스는 찾아올 후회를 알아채고 변화를 모색했지만, 페냐는 찾아올 후회를 간과하고 현실에 머물렀다.

우리는 실패해서 후회하는 것이 아니다. 도전하지 않아서 후회하는 것이다. '해볼걸.', '해야 했는데.', '할 수 있었는데.'라는 아쉬움은 평생의 후회로 남는다.

후회를 남기고 싶지 않다면 "미래의 나는 지금의 내가 도전하길 바랄 것인가?", "내 친구가 지금 나라면 도전을 권할 것인가?"라는 질문을 자신에게 던져보자. 그 답이 Yes라면 문밖으로 나서야 한다.

"도전에 판단이 서지 않는다면 닥쳐올 후회를 상상해 보자. 거기에 해답이 있다."

노력에 기대면 도전이고,
행운에 기대면 도박이다

도박은 두 가지 의미가 있다. 하나는 돈이나 재물 따위를 걸고 서로 내기하는 일을 의미하고, 다른 하나는 요행수를 바라고 불가능하거나 위험한 일에 손대는 것을 의미한다.

도전은 도박과 닮아 있다. 돈이나 재물을 넘어 삶을 걸고 인생의 성패를 다투기도 하며, 때로는 운을 바라고 무모해 보이는 일에 뛰어들기도 한다.

따라서 도전에 나설 때는 주의할 점이 있다. 자칫 도전을 운에 기대면 도전은 언제든지 도박으로 바뀔 수 있다. 운이라는 막연한 기대에 빠져 땀과 눈물을 등한시함으로써 성공을 요행수에 의존하게 만들기 때문이다.

주식시장을 보자. 시장에는 투자와 투기가 공존한다. 둘 다 이익을 추구한다는 점에서는 같지만, 그 방법은 서로 다르다. 투자가 기업 분석을 통해 적절한 이익을 추구하는 반면에, 투기는 기회를 틈타 큰 이익을 추구한다. 즉 투자는 노력에 기대고, 투기는 운에 기댄다.

어떤 방식이 성공 확률을 높이고 실패 확률을 낮출까. 당연히 투자이다.

도전도 마찬가지이다. 투기가 아닌 투자가 돼야 한다. 땀과 눈물이라는 노력 프로세스를 통해 성공 프로세스를 열어가야 한다. 우연(운)이 아닌 필연(노력)이 성공 확률을 높인다.

미국을 대표하는 사상가 랠프 월도 에머슨(Ralph Waldo Emerson)은 "얕은 사람은 운을 믿는다. 강한 사람은 원인과 결과를 믿는다."라며 원인 없이 결과를 기대해서는 안 된다고 강조했다. 그의 말처럼 목표 달성은 운이 아니라 행동을 통해서 이뤄내야 한다.

행운(幸運)의 다른 이름은 행운(行運)이다. 행(行)하지 않은 사람에게 운(運)은 찾아오지 않을 것이다. 행동하고 노력할 때 비로소 작은 운이라도 만날 수 있는 계기가 마련될 것이다.

"운은 노력 곱하기"라는 말도 있다. 내 노력이 0이면 큰 행운이 찾아와도 결과는 항상 0일뿐이다. 아무 결과도 기대할 수 없다. 운이 빛을 보려면 노력이 동반돼야 한다.

운의 결과 = 운 × 노력

마지막 도전을 앞두고 있다고 가정해 보자. 한 번 남은 도전을 노력에 기대는 것이 맞을까, 아니면 운에 기대는 것이 맞을까. 노력에 의존하는 도전이라면 도전하고, 운에 의존하는 도전이라면 도전하지 말아야 한다.

"도전과 도박은 한 끗 차이이다. 노력에 기대면 도전하는 것이고, 운에 기대면 도박하는 것이다."

도전에 품격은 없다

도전의 최종 목표는 성공이다. 우리가 도전에 노력을 기울이는 이유도, 운을 기대하는 이유도 다 성공하기 위해서이다. 이를 위해 지금, 이 순간에도 많은 사람이 도전 현장에서 각자의 길을 향해 달려가고 있다.

하지만 사람마다 도전 방식은 서로 다르다. 어떤 사람은 도덕과 양심에 따라 수단과 방법을 가리며 도전하고, 어떤 사람은 법과 규칙조차 무시한 채 수단과 방법을 가리지 않고 도전한다.

바람직한 도전 방식을 묻는다면 전자이다. 하지만 성공 가능성을 묻는다면 답은 달라진다.

도전에 성공하길 바란다면 모든 가용한 수단과 방법을 동원해야 한다. 위법이나 불법이 아니라면 어떤 수단과 방법도 마다할 이유도, 주저할 이유도 없다. 상황에 따라서는 변칙이나 편법까지 아우를 수 있어야 한다.

법과 규칙, 도덕과 양심에 얽매이다 보면 상황을 끌고 갈 수도, 다른 사람을 앞설 수도 없다. 더욱이 세상은 과정이 아닌 결과를 기억한다.

스포츠 경기를 보자. 우리는 비신사적인 플레이를 비판한다. 하지만 경기 중에 나온 파울을 바라보는 시각은 이중적이다. 응원하는 팀의 파울은 관대하게 보고, 상대하는 팀의 파울은 엄격하게 본다. 특히 결정적 위기나 기회를 맞이할 때는 더욱 그렇다. 이는 우리가 모두 점수를 중시하기 때문이다.

우리가 사는 세상은 스포츠 경기와 다르지 않다. 과정을 외치나 결과에 주목하고, 과정은 잊고 결과는 저장한다. 이런 세상에서 법과 규칙, 도덕과 양심을 지키면서 품격 있는 도전에 나설 것인가.

품격 있는 도전은 품격 있는 세상에 맞다. 하지만 불행하게도 우리가 사는 세상은 품격 있는 세상이 아니다.

'영리함'과 '영악함', 두 단어는 모두 머리가 좋다는 뜻이 있다. 하지만 그 이미지는 서로 다르다. 영리함은 눈치가 빠르고 똑똑하다는 긍정적 이미지를, 영악함은 이해에 밝으며 약다는 부정적 이미지를 갖고 있다.

도전에는 영리함이 아닌 영악함이 필요하다. 사리에 밝고 똑똑한 영리함보다는 손익을 잘 헤아리고 꾀가 많은 영악함이 도전을 성공으로 이끈다.

스티브 잡스(Steve Jobs), 그의 별명은 폭군이었다. 자신의 이익을 위해서 거짓말로 상대를 기만하기도 했고, 자신에게 도움을 준 사람을 내치기까지 했다. 도덕을 찾지 않았다.

도전에 품격은 없다. 오로지 목표를 바라보고 달려가는 사람만이 최대 성과를 낼 수 있다. 성공에 이를 수 있다. 도전이 성공하길 바란다면 품격을 버려야 한다. 품격 있는 도전은 사치이다.

"도전은 신사 놀이가 아니다. 도전과 품격을 함께 묶지 않아야 한다."

(Chapter 6.)

시련

모두가 흔들림 없는 인생을 꿈꾼다. 하지만 인생은 바람대로 흘러가지 않는다. 오르막길이 있으면 내리막길이 있는 것처럼 인생을 살다 보면 시련과 마주하게 된다.

이때 우리는 시련을 종종 남의 책임으로 돌린다. 사회를 탓하고 세상을 원망한다. 심하면 절망감에 빠져 자신의 인생을 버려둔다.

하지만 시련 없는 인생은 없다. 시련을 마주하지 않는 사람은 아무도 없다. 사람마다 경중은 있겠지만 시련은 돈, 일, 사람, 관계 등 모든 면에 걸쳐 찾아온다.

시련은 어차피 마주해야 할 대상이다. '왜 내게 시련이 찾아왔을까?'가 아닌 '그래, 내게도 시련이 찾아왔네.'라는 생각이 필요하다. 이런 인식이 시련을 단념과 포기가 아닌 돌파와 극복의 의미로 만든다.

겨울꽃, 버겁지만 향기롭다

우리는 세상을 바꾼 위인들과 업적을 이룬 사람들을 동경한다. 그들이 이룬 공적과 공로가 시대를 밝혔기 때문이다. 하지만 그들을 더욱 빛나게 하는 것은 그들이 시련을 이겨내고 그 자리에 올라섰다는 사실이다.

언론계의 노벨상이라고 불리는 '퓰리처상'을 만든 미국 언론인 조지프 퓰리처(Joseph Pulitzer)는 헝가리 출신의 빈털터리 이민자였지만 날카로운 비판과 취재를 통해 현대 저널리즘의 기반을 닦았으며, 영화 〈뷰티풀 마인드(The Beautiful Mind)〉의 주인공인 미국 수학자 존 내시(John Nash)는 조현증을 이겨내고 게임이론을 발전시켜 노벨 경제학을 수상했다.

퓰리처와 내시에게 시련은 장벽이 아닌 도약의 발판이었다. 두 사람 모두 시련을 극복하며 성장했고, 성장을 통해 업적을 남길 수 있었기 때문이다.

'회복 탄력성(resilience)'이라는 심리학 용어가 있다. 이는 원래 자리로 되돌아오는 힘을 일컫는 말로, 고난이나 역경을 이겨내고 일어서는 마음의 근력을 의미한다. 회복 탄력성은 사람마다 다르지만 성공한 사람일수록 회복 탄력성이 높다고 한다.[26]

성공한 사람의 회복 탄력성이 높은 것은 긍정적 사고와 깊이 연관되어 있다. 긍정적 사고가 마음의 근력을 강화해 시련을 극복하는 힘으로 작용하기 때문이다.[27]

영국 역사가 토머스 칼라일(Thomas Carlyle)은 친구에게 감수를 부탁하며 원고를 건넸다. 하지만 친구 집 하녀가 원고를 쓸모없는 종이로 알고 난로에 태워버렸고, 이로 인해 칼라일의 상심은 매우 컸다. 그러던 어느 날 칼라일은 한 장 한 장 벽돌을 쌓고 있는 벽돌공의 모습을 본 후 다시 원고를 써 내려갔고, 초고보다 훌륭하다고 평가받는《프랑스 대혁명(The French Revolution: A History)》을 탄생시킬 수 있었다.

시련 없는 명품 인생은 없다. 어두운 터널 끝에 환한 빛이 기다리고 있는 것처럼 시련을 헤쳐나가다 보면 새로운 길이 펼쳐지게 된다. "상처 입은 조개가 진주를 만든다."라는 랠프 월도 에머슨(Ralph Waldo Emerson)의 말처럼 지금 마주한 시련이 더 큰 비상을 위한 계기가 될 수 있다.

물론 시련이 종종 버겁고 힘겨울 수 있다. 하지만 버겁다고 한다고, 힘들다고 한다고 시련은 비껴가지 않는다. 어차피 닥친 시련, 인생의 장애물이 아닌 자기 성장의 기회로 삼아야 한다.

추위를 견뎌내고 피어난 꽃이 아름다운 향기를 피운다. 겨울꽃이 빛나는 것도 매서운 추위 속에서 꽃을 피웠기 때문이다.

"고생 끝에 낙이 온다."라는 말처럼 시련 끝에는 성공이 있다고 생각하자. 시련을 성공으로 가는 여정이라고 여기자. 그 순간 시련은 성공을 일구는 새로운 시작점이 될 것이다.

"시련이 두려운 것은 시련 자체가 아니다. 시련에 굴복해 단념하고 포기하는 순간을 두려워해야 한다. 시련을 넘어서면 맞이할 수 있는 또 다른 인생을 놓칠 수 있기 때문이다."

뿌리 깊은 나무는 바람에 흔들리지 않는다

인생에 예보가 없는 것처럼 시련도 예고 없이 찾아온다. 하지만 그 결과는 사람마다 매우 다른 양상을 띤다. 어떤 사람은 시련을 잘 이겨내고, 어떤 사람은 시련에 맥없이 무너진다.

이를 두고 시련의 크기와 깊이가 사람마다 다르기 때문이라고 생각할 수 있다. 하지만 그 중심에는 꺾이지 않는 마음, 즉 의지가 있다.

멕시코에는 '그럼에도 불구하고'라는 여자 조각상이 있다. 이 조각상을 만들던 작가 콘트레라스(Contreras)는 작품을 만드는 도중에 섬유성 암으로 오른손을 잃었다. 하지만 그는 포기하지 않고 왼손으로 조각하는 방법을 배웠고 조각상을 완성할 수 있었다. 이 때문에 훗날 멕시코 사람들은 이 조각상에 '그럼에도 불구하고'라는 이름을 붙여주었다.

의지는 '그럼에도 불구하고'와 같다. '비록 사실이 그러하지만, 그것과 상관없이'라는 '그럼에도 불구하고'의 사전적 의미처럼 어떤 상황에서도 버티는 마음을 주고, 행동하는 힘이 되며, 다시 일어서는 원천이 된다.

미국 댈러스 신학교 총장을 지낸 찰스 스윈돌(Charles Swindoll)은 "인생은 10%의 사건과 90%의 반응이다."라고 말했다. 우리 인생은 실제 일어나는 10%의 사건과 그 사건에 대한 우리의 반응 90%로 구성된다. 일어나는 사건에 어떻게 반응하느냐에 따라 인생의 방향이 달라진다.[28]

사건인 시련을 선택할 수 없지만, 반응은 선택할 수 있다. 자신의 잠재력을 믿고 의지를 다진다면 한계를 넘을 수 있다.

이탈리아 사상가 니콜로 마키아벨리(Niccolo Machiavelli)의 어록 중에는 다음과 같은 구절이 있다. "이 세상의 모든 의미 있는 일들은 위험 속에서 이루어졌다. 강인한 의지는 어려움과 시련을 초월한다."라는.

시련이 시험하는 것은 능력이 아닌 의지이다. 능력이 있는 사람이라도 의지가 없으면 시련에 휘둘리게 되고, 능력이 부족한 사람이라도 의지를 다지면 시련을 이겨내게 된다.

뿌리 깊은 나무는 비바람이 몰아쳐도 흔들리지 않는 법이다. 의지가 단단하면 어떤 고비도 이겨낼 수 있다.

어려운 고비나 힘든 순간이 찾아올 때는 "난 할 수 있어.", "난 문제 없어."라는 주문을 걸어보자. 의지가 행동을 이끌고, 행동이 시련을 지배할 것이다.

"능력 있는 사람이 시련을 통과하는 것이 아니라 의지가 굳은 사람이 시련을 통과한다."

이 또한 지나가리라

시련을 겪는 사람에게 희망과 용기를 주려는 의도로 주로 사용되는 말이 있다. 바로 "신은 감당할 수 있을 만큼의 시련을 준다."라는.

하지만 시련을 감당하는 것은 쉬운 일이 아니다. 특히 마땅한 해결책이 보이지 않을 때 시련은 '감당할 수 있을 만큼의 시련'이 아니라 '못 견딜 만큼의 시련'으로 다가온다. '힘들다.', '괴롭다.'라는 생각이 마음을 휘저어 놓고, 삶은 무너질 듯 흔들린다.

이때 주변에서 "같은 시련을 이겨낸 사람이 있어. 넘어설 수 있을 거야."라는 위로의 말을 건넬 때가 있다. 하지만 별로 위로가 되지 않을 것이다. 같은 시련이라도 사람마다 느끼는 무게가 다르고, 시련을 담아내는 그릇이 다르기 때문이다.

하지만 우리는 모두 시련에 맞서는 한 가지 무기를 가지고 있다. 바로 누구든지 하루는 참고 견딜 수 있다.

만약 시련이 '못 견딜 만큼의 시련'으로, 나아가 '죽고 싶을 만큼의 시련'으로 느껴진다면 '하루만 버티자.'라는 생각으로 살아보자. 하루조차 못 버틸 시련은 없다.

유대인의 성경 주석서인 《미드라쉬(Midrash)》를 보면 "이 또한 지나가리라(This too shall pass away)."라는 말이 나온다.[29] 전쟁에서 승리한 다윗 왕이 반지 세공사에게 반지를 만들도록 명하며 "전쟁에서 이겨 환호할 때도 교만하지 않게 하고, 절망에 빠져 낙심할 때도 좌절하지 않도록 하는 글귀를 새겨 넣으라."라고 지시했다. 반지 세공사는 글귀를 고민하다가 솔로몬 왕자에게 도움을 청했고, 그때 솔로몬 왕자가 알려준 글귀가 "이 또한 지나가리라."였다.

시련도 지나가는 법이다. 한 치 앞도 희망이 보이지 않을 때, 어둠에 갇혀 길을 찾을 수 없을 때는 '오늘 하루만 참고 견디자. 정 힘들면 내일 내던지자.'라는 마음으로 하루하루를 지내보자. 결국은 시련 끝에 선 자신을 발견하게 될 것이다.

"하루가 모여 일주일이 되고, 일주일이 모여 한 달이 되며, 한 달이 모여 일 년이 된다. 끝내 그렇게 시련도 지나간다."

장벽에도 가치가 있다

라틴어에는 돌을 의미하는 두 가지 단어가 있다. '페트라(petra)'와 '스칸달룸(scándălum)'이다. 하지만 그 의미는 전혀 다르다. 페트라는 디딤이 되는 돌을 뜻하고, 스칸달룸은 걸림이 되는 돌을 뜻한다.

시련은 라틴어의 두 돌과 같다. 긍정적으로 바라보면 페트라가 되고, 부정적으로 바라보면 스칸달룸이 된다. 긍정적인 시각은 의욕과 열정을 불러와 시련을 이겨내게 만들지만, 부정적인 시각은 불평과 원망을 가져와 시련에 무릎 꿇게 만들기 때문이다.

시련이 페트라가 되는 것은 프리드리히 니체(Friedrich Nietzsche)의 말에서 잘 드러난다. 니체는 그의 저서《우상의 황혼(The Twilight of the Idols)》에서 "나를 죽이지 못하는 것은 나를 더 강하게 만든다."라고 말했다. 시련을 버티고 견뎌내면 훨씬 단단해진 자신을 만나게 되기 때문이다.[30]

시련 전의 나와 시련 후의 나는 다르다. 우리는 시련을 통해 더 성장하고 한층 발전할 수 있다. 우리 인생을 더 좋은 채색으로 물들일 수 있다.

시련의 가치

① 자신을 돌아보게 한다.

시련은 자기 인식의 기회를 제공한다. 시련을 겪으면서 자신의 능력과 한계를 깨닫게 되고, 이를 통해 자신의 강점을 강화하고 약점을 보완하는 계기가 마련된다.

② 아픈 만큼 성숙해진다.

시련은 내면의 성장과 발전을 가져온다. 시련을 딛고 일어서다 보면 인내심, 평정심, 자제력이 키워지고, 이를 통해 새로운 시련에 더 굳건히 맞설 수 있게 된다.

③ 넘을수록 가벼워진다.

시련은 대응 능력을 높여준다. 시련을 넘을수록 성장하고 발전하기 때문에 첫 번째 시련보다는 두 번째 시련에, 두 번째 시련보다는 세 번째 시련에 더 잘 대처하게 된다.

현명한 사람은 시련 속에서 빛을 보고, 어리석은 사람은 시련 속에서 어둠을 본다. 시련을 어둠이 아닌 빛으로 밝힌다면 시련은 걸림돌이 아닌 디딤돌로 작용할 것이다.

"시련은 자신을 걸림돌로 보는 사람에게는 마이너스를 몰고 오고, 자신을 디딤돌로 보는 사람에게는 플러스를 남기고 간다."

끝날 때까지 끝난 게 아니다

시련을 넘지 못한 적이 있다고 두려워할 필요가 없다. 시련을 넘지 못할까 봐 걱정할 필요도 없다. 모든 시련을 그때그때 넘어선 사람은 세상에 한 명도 없다.

사람은 누구나 넘어질 수 있다. 아무리 의지가 굳은 사람, 아무리 능력이 뛰어난 사람도 시련에 쓰러질 수 있다. 중요한 것은 좌절하지 않는 마음이다.

시련은 인생길을 걷다 마주하는 고개일 뿐이다. 고개를 오르다가 발걸음을 멈췄다고 인생길이 끝난 것이 아니다. 숨을 고르고 다시 오를 수도 있고, 다른 길로 들어설 수도 있다. 도중에 그만두지 않는 한 끝난 것이 아니다.

시성(詩聖)이란 불린 중국 당나라 시인 두보(杜甫)가 쓰촨성 동쪽 깊은 산골에 살고 있을 때 친구 아들이 그곳으로 유배 와

실의에 찬 날을 보내고 있었다. 이를 보다 못한 두보는 〈군불견간소혜(君不見簡蘇徯)〉란 시를 지어 그에게 보냈다. 이 시를 보면 "개관사정(蓋棺事定)"이란 구절이 나온다. 직역하면 "관을 덮어야 일이 결정된다."라는 말로 사람의 일이란 어떻게 될지 알 수 없다는 뜻이다.[31]

인생은 개관사정이다. 시련을 넘어섰다고 꽃길만 열리는 것도 아니고, 시련에 넘어졌다고 가시밭길에 들어서는 것도 아니다. 시련은 인생의 과정이지 결과가 아니기 때문이다.

토머스 에디슨(Thomas Edison)이 67세일 때 그의 연구소가 화재로 전소되어 연구했던 자료들이 소실됐다. 이때 에디슨은 오히려 아내에게 "그동안 내가 저질렀던 모든 오류가 지금 불타고 있어! 정말 감사하게도 이제는 완전히 새로 시작할 수 있게 됐어!"라고 말했다. 그리고 그는 화재 발생 14일 후 축음기를 발명했다. 그에게 있어 시련은 끝이 아니라 또 다른 시작이었다.

시련은 이와 같다. 시련이 닥쳐와도 인생의 고삐를 놓지 않으면 어떤 극적인 드라마도 펼쳐질 수 있다.

두발자전거를 어떻게 배웠는가를 생각해 보자. 넘어지고 또 넘어졌다. 하지만 다시 일어섰다. 멈추지 않았다.

끝날 때까지 끝난 게 아니다. 시련에 넘어졌다고 상심하지 말자. 시련에 쓰러졌다고 포기하지 말자. 인생의 결말은 언제든지 바뀔 수 있다. "야구는 9회 말이 끝나봐야 알고, 골프는 장갑을 벗어봐야 안다."라는 스포츠 격언처럼 인생도 끝나봐야 안다.

"시련은 과정이지 결과가 아니다. 그 끝은 아무도 모른다. 이것이 우리가 끝까지 나아가야 하는 이유이다."

(Chapter 7.)

희망

많은 사람이 오늘보다 나은 내일, 현재보다 나은 미래를 꿈꾼다. 자신의 삶이 언젠가는 달라질 거라는 기대를 품는다. 희망을 통해 삶의 의미를 찾고자, 새로운 가능성을 열고자 하는 것이다.

이로 볼 때 희망은 삶의 원동력이다. 그 끈을 놓지 않는 한 어떤 현실 속에서도 우리를 위로하고, 우리에게 용기를 준다.

하지만 희망이라고 다 희망인 것은 아니다. 희망일 뿐인 희망은 희망이 아니다. 즉 미래에 대한 막연한 기대, 그리고 이를 단순히 긍정하는 마음은 희망이 아니다.

희망은 머무는 것이 아니라 나아가는 것이라야 한다. 그래야만 미래를 향해 도약할 수 있고, 희망을 허상이 아닌 현실로 만들 수 있다.

희망을 품어야 희망이 생긴다

삶을 힘들게 하는 요인은 경제적 어려움, 건강상 문제, 정서적 고립감, 대인관계 갈등 등 매우 다양하다. 이들 요인 중 여러 개가 동시에 찾아올 때, 삶이 위험에 놓일 때가 있다.

그렇다고 삶이 무너지는 것은 아니다. 절망에 빠져 삶을 포기하지 않는 한 희망은 살아 있고, 희망이 살아 있는 한 다른 미래가 펼쳐질 가능성이 닫혀 있지 않기 때문이다.

따라서 아무리 힘들어도 희망의 끈을 놓지 말아야 한다. 낙담하지 말고, 체념하지 말고, 단념하지 말아야 한다. 지금 당장은 아무것도 할 수 없을지라도 "시간이 흐르면 나아질 거야.", "반드시 좋은 날이 올 거야."라는 희망의 등대를 밝히고 있어야 한다.

물론 오늘과 똑같은 내일이 될 수 있다. 하지만 내일도 오늘과 같다고 생각하면 아무 일도 일어나지 않는다. 부정적인 생각의 고리를 끊고 긍정적인 생각을 쌓아야 욕구와 의지가 생겨 희망이 피어나는 법이다.

희망은 '인풋(input)'과 '아웃풋(output)'의 법칙을 따른다. '희망'을 입력하면 '에너지'가 출력된다. 내 마음속에 희망 바이러스를 퍼뜨리면 행동에 나서는 에너지를 얻을 수 있다.

인풋 → 아웃풋

(입력: 희망) (출력: 에너지)

교회 가르침의 이론적 기초를 다진 신학자인 아우구스티누스(Augustinus)는 "희망은 아름다운 두 딸이 있다. 두 딸의 이름은 분노와 용기이다. 변화하지 않는 것에 대한 분노, 변화하는 것을 찾으려는 용기이다."라는 말을 남겼다. 희망이란 존재가 현실에 안주하는 모습에 분노하게 하고, 분노를 넘어 더 나은 방향을 찾으려는 용기까지 탄생시켜 준다고 여긴 것이다.

이로 비춰볼 때 희망을 관통하는 원칙 하나가 있다. 희망이 생겨서 희망을 품는 것이 아니라 희망을 품어야 희망이 생긴다는 점이다. 로마 철학자 키케로(Cicero)의 "둠 스피로 스페로(Dum spiro spero), 숨을 쉬는 한 희망은 있다."라는 말처럼 힘든 상황이 찾아와도 희망을 품고 나아가야 한다.

살아 있는 한 희망은 끝이 없고, 희망이 있는 한 삶은 끝나지 않았다. 절망적인 상황에서도 희망은 필요하다. 희망이 없는 곳에서 노력이 생겨날 수 없고, 노력이 없는 곳에서 내일이 달라질 수 없기 때문이다.

"일말의 가능성이 희망을 키우는 것이 아니라 희망이 일말의 가능성을 키운다."

nowhere 아닌 now here

미국 심리학자 쉐드 햄스테더(Shad Helmstetter)의 연구에 따르면 사람은 하루에 5~6만 가지의 생각을 하고, 그중 75%는 자신의 의도와 상관없이 부정적 생각을 한다. 이에 따라 긍정적 시각보다는 부정적 시각으로 자신을 바라보게 되고, 나아가 세상까지 그렇게 평가하게 된다.[32]

희망 또한 마찬가지이다. 의식적으로 관리하지 않으면 부정적 방향으로 흐를 수 있다. 희망이 기를 펴지 못하고 움츠러지게 된다.

아버지와 아들이 여행 중 사막에서 길을 잃었다. 쓰러질 지경에 이른 아들이 "지쳐 죽을 것 같아요."라고 하자 아버지는 "조금 더 가면 마을이 나올 거야."라며 아들을 다독이며 계속 걸어갔다. 하지만 힘겹게 걷던 아들이 무덤을 발견하고 "우리도 사막을 헤매다 곧 죽을 거예요."라며 절망에 빠졌다. 이때 아버지는 "아니다. 무덤이 있다는 것은 이 근처에 마을이 있다는 희망의 표시란다."라며 아들에게 희망을 북돋웠고 마침내 마을을 발견해 살 수 있었다.

이 이야기처럼 긍정의 마음은 희망을 키우지만, 부정의 마음은 희망을 가둔다. 만일 아버지가 아들처럼 부정적 생각에 사로잡혀 있었다면 아버지와 아들은 사막에서 죽음을 맞이했을 것이다. 하지만 아버지는 '달라지겠어?'라는 부정적 생각이 아니라 '달라질 거야!'라는 긍정적 생각을 지킴으로써 희망을 관리했고, 그 희망이 부자의 목숨을 구한 것이다.

'Dream is nowhere.'와 'Dream is now here.'는 같은 순서 알파벳으로 배열되어 있다. 하지만 부정 회로를 돌리는 사람은 'Dream is nowhere(꿈은 어디에도 없다).'를 조합하고, 긍정 회로를 돌리는 사람은 'Dream is now here(꿈은 지금 여기에 있다).'를 조합한다. 비관주의자는 절망을 먼저 보지만, 낙관주의자는 희망을 먼저 보기 때문이다.

'nowhere'로 볼 것인가, 'now here'로 볼 것인가. 절망을 희망으로 바꾸는 힘은 우리 마음속에 있다. 그 마음에 따라 'impossible'이 'I'm possible'로, '역경'이 '경력'이 된다.

생각의 차이가 다른 결과를 만든다. 띄어쓰기에 따라, 획 하나에 따라, 글자 순서에 따라 의미가 달라지는 것처럼 최악의 상황에서도 희망의 스위치를 올리도록 하자. 상황을 바꿀 수 없더라도 생각을 바꾸면 희망을 관리할 수 있게 되며, 그 희망이 다른 결과를 가져올 수 있다.

"비관주의자는 희망 속에서도 절망의 회로를 돌리지만, 낙관주의자는 절망 속에서도 희망의 회로를 돌린다."

희망은 품지 않고 행동하는 것이다

씨를 뿌려야 열매를 거둘 수 있고, 옥도 갈아야 빛이 난다. 원하는 결과를 얻기 위해서는 무엇인가를 해야 한다. 아무것도 하지 않으면서 좋은 결과를 기대할 수는 없는 노릇이다.

희망도 이와 같다. 인과 법칙이 적용된다. 희망을 품는 것만으로 희망이 실현되지 않는다. 노력에 나서야 한다.

미국 제20대 대통령 제임스 가필드(James Garfield)는 대학생 때 모든 교과 성적이 남들보다 뛰어났다. 하지만 수학만은 2등을 벗어나지 못했다. 1등이 되고 싶었던 그는 수학 성적이 가장 좋은 친구 방의 불이 언제 꺼지는가를 확인한 후 그 친구보다 10분씩 더 공부했고, 마침내 1등이 될 수 있었다. 단순히 희망한 것이 아니라 상황을 세밀하게 파악한 후 행동에 나섰다.

가필드의 경우처럼 희망은 목표를 설정하고, 계획을 세우며, 이를 실천하는 일련의 과정이 필요하다. 자신의 목표가 구체적으로 무엇인지, 목표 달성을 위한 계획이 체계적으로 수립되었는지, 목표와 계획에 따라 실천하고 있는지를 면밀하게 검증해 나가야 한다.

희망 설계 프로세스

① 목표를 명확히 설정한다.

② 목표 달성 계획을 세운다.

③ 시기별, 단계별 로드맵을 그린다.

④ 로드맵에 맞는 역량과 자질을 키운다.

⑤ 로드맵을 작은 단계로 나누어 실천한다.

⑥ 진행 상황을 점검하고 문제점을 짚어본다.

⑦ 개선 방안을 마련해 추진한다.

희망을 품은 사람은 많지만, 희망을 이룬 사람이 적은 까닭은 희망을 꿈꾸기만 하고 행동에 나서지 않았기 때문이다. 희망이 완성되기까지 거쳐야 할 과정을 수행하지 않았기 때문이다.

오늘이 내일을 만든다. 오늘을 대충 살면서 내일의 희망을 꿈꿀 수는 없다. 희망이 꿈이 아닌 현실이 되기를 바란다면 희망을 설계하고 실천에 나서야 한다.

"희망은 실천하지 않으면 실현되지 않는다. 어제보다 전진한 오늘, 오늘보다 전진하는 내일이 희망을 앞당긴다."

희망, 때로는 고문이지만 그래야 산다

'희망 고문'이란 말이 있다. 19세기 프랑스 소설가인 빌리에 드 릴라당(Villiers de L'Isle-Adam)이 쓴 단편 소설 〈희망이라는 이름의 고문〉에서 유래한 말로, 안 될 것을 알면서도 될 것 같다는 희망을 품는 것을 말하며, 절망적인 상황 속에서 실낱같은 희망으로 인해 더 괴롭게 되는 상황을 의미한다.[33]

희망이 전혀 없다면 모든 기대를 포기하겠지만, 미세한 가능성이라도 존재한다면 그 가능성에 기대어 어떻게든 절망에서 벗어나려는 인간 심리가 희망 고문까지 이르게 한다.

물론 희망 고문은 대부분 큰 상처를 남긴 채 끝난다. 이 때문에 프리드리히 니체(Friedrich Nietzsche)는 "희망은 모든 악 중에서 가장 나쁜 것이다. 그것이 인간의 고통을 연장하기 때문이다."라고까지 말하기도 했다.

하지만 희망 고문이 절대 무의미한 것은 아니다. 희망 고문은 절망적 상황에서도 부정적 감정이 파고드는 것을 막아주고, 내적인 안정을 강화해 주며, 문제 해결에 나서게 하는 역할을 하기도 한다.

자유를 향한 희망을 그린 영화 〈쇼생크 탈출(The Shawshank Redemption)〉에서 주인공 앤디는 아내를 죽였다는 살인 누명을 쓰고 무기수로 교도소에 수감된다. 무기수인 앤디에게 자유는 불가능한 희망이었다. 하지만 그는 희망을 버리지 않았다. 동료 감옥수 레디가 "그 망치로 벽을 뚫는다면 600년은 걸릴 것이다."라며 건네준 조각용 망치로 19년 동안 교도소 벽을 뚫은 끝에 탈출에 성공한다.[34]

앤디에게 조각용 망치는 어떤 의미였을까. 절망을 이겨내는 도구였고, 희망을 향한 외침이었다. 레디에게 조각용 망치는 희망 고문으로 보였을 테지만, 앤디에게는 그 망치가 있는 한 희망은 사라진 것이 아니었다. 그 희망이 앤디를 19년 동안 버티게 했고, 마침내 자유를 찾게 한 것이다.

정신적 웰빙에 중요한 역할을 하는 신경전달물질인 세로토닌(serotonin)이 있다. 이 물질은 심리적 안정과 신체적 활력을 가져다주는 행복 호르몬으로 부정적 감정을 감소시키고, 충동적 행동을 막아주며, 의욕을 불러일으킨다. 연구에 따르면 세로토닌은 희망을 꿈꾸는 것만으로도 분비된다.[35]

따라서 때로는 희망 고문일지라도 희망을 품어야 한다. 실현 가능성을 떠나 아주 작은 희망이 오늘을 버티며 살아가게 하는 유일한 힘이 될 수 있기 때문이다.

"희망이 없더라도 때로는 희망을 희망해야 한다. 그래야만 절망에 빠지지 않는 힘을 얻을 수 있다."

희망의 역설, 희망도 희망 나름이다

희망은 현실적 상황에 얼마나 기반을 두고 있느냐에 따라 막연한 희망과 합리적 희망, 두 가지 형태를 띠고 있다. 막연한 희망은 현실적 상황에 대한 인식 없이 그냥 잘될 것이라고 기대하는 희망을 의미하고, 합리적 희망은 현실적 상황을 인식하며 적절히 대응하는 희망을 의미한다.

그 특성상 둘은 서로 다른 길을 걷게 된다. 막연한 희망은 현실을 헤아리지 않음으로써 어느 순간 무너지고 말지만, 합리적 희망은 현실에 대처함으로써 절망적 여건 속에서도 유지된다.

합리적 희망은 '스톡데일 패러독스(Stockdale Paradox)'와 밀접한 관계가 있다. 스톡데일 패러독스는 베트남 전쟁 당시 포로수용소에 갇혔다가 살아남은 미군 장교 제임스 스톡데일의 일화에서 유래한 것으로, 현실 직시에 바탕을 둔 합리적 낙관주의를 뜻한다.[36]

베트남 전쟁 때 8년간 포로수용소에 갇혔다 풀려난 제임스 스톡데일은 훗날 회고를 통해 수용소에서 일찍 죽은 사람은 근거 없는 낙관주의자였다고 밝혔다. 그 자신은 눈앞의 냉혹한 현실을 직시한 채 생환의 희망을 품었지만, 낙관주의자들은 현실을 외면한 채 '이번 성탄절에는 나갈 거야.', '다음 부활절에는 풀려나겠지.', '늦어도 추수감사절에는 석방될 거야.'라는 막연한 희망을 계속하다 어느 순간 찾아온 절망감을 이기지 못해 죽음에 이르렀다는 것이다.

이처럼 희망이 다 좋은 것은 아니다. 희망도 희망 나름이다. 현실을 직시한 합리적 희망은 현실을 이겨내는 힘이 되지만, 현실을 외면한 막연한 희망은 좌절과 상실감을 안길 뿐이다.

따라서 우리가 추구해야 하는 희망은 '미래 속 희망'이 아니라 '현실 속 희망'이다. 미래를 낙관하되 현실에 기반해야 한다. 잘될 것이라는 희망을 품되 현실을 냉철하게 바라보고 미래를 지향해야 한다.

희망은 오늘을 벗어나 꿈꾸는 것이 아니다. 현실과 동떨어진 허상을 걷어내고 현실을 미래에 투영하자. 그 길이 희망을 제대로 가동하는 길이다.

"현실에서 벗어난 막연한 희망은 희망의 적이다. 근거 없는 낙관이 되어 결국 미래를 황폐화한다."

(Chapter 8.)

우정

친구는 세월이 만들어 낸 제2의 가족이다. 내 삶의 희로애락을 함께 나눌 수 있는 사람이기에 가족만큼 소중한 존재이다.

이 때문에 인디언 말로 친구는 "내 슬픔을 자기 등에 지고 가는 자"라고 한다. 아프고 괴로울 때 기댈 수 있는 사람, 힘들고 고달플 때 쉼터가 될 수 있는 사람이 친구인 것이다.

그러므로 친구는 지인과 다르다. 지인이 나를 그냥 잘 아는 사람이라면 친구는 나를 그 자체로 이해하는 사람이다.

따라서 친구는 하루아침에 생기지 않는다. 학창 시절, 직장 생활, 사회생활 등을 거치면서 만난 사람이 지인이 되고, 지인이 된 사람이 친구가 되는 과정을 거쳐야 한다. 이해와 배려, 관심과 소통의 과정이 필요하다.

기대와 부탁은 멀리, 격려와 지지는 가까이

친구와의 소소한 만남이 그리운 어느 날, 친구에게 전화를 건다. "오늘 볼까. 시간 어때?", "한번 보자. 언제 시간 돼?"라는 내 제안에 "오늘은 좀 그렇네. 다음에 보자.", "요즘 좀 바빠. 한가할 때 보자."라는 친구의 거절은 섭섭함을 불러일으킨다.

그러면서 이때 마음 한편에 드는 생각이 있다. '친구는 내게 무심한 것 같아.', '내 마음과 친구 마음은 다른 걸까.'라는.

이처럼 우리는 친구에게 아쉬움을 느낄 때가 있다. 기대가 클수록 아쉬움은 서운함으로, 서운함은 실망감으로 바뀐다. 들어주리라 생각한 부탁을 난감해하거나 거절했을 때는 더욱 그렇다.

하지만 친구는 내가 아니다. 내 마음과 같다면 좋겠지만, 이는 욕심이다. 차이를 인정해야 한다. 늘 달려올 친구, 항상 도와줄 친구, 언제든 이해해 줄 친구는 세상에 별로 없다.

많은 사람이 "어려울 때 친구가 진정한 친구이다."라고 말한다. 잘나갈 때만 머무르는 친구가 아니라 어려울 때도 곁을 지켜주는 친구를 진짜 친구로 여긴다.

맞는 얘기이다. 하지만 지나친 기대는 우정의 걸림돌이다. 우정이 어려움을 겪는 것은 '친구니까 이해할 거야.', '친구니까 받아줄 거야.'라는 생각에 부응하지 못할 때, 그만큼 실망이 커지기 때문이다.

우정의 단절은 갑자기 찾아오지 않는다. 기대와 부탁이 우정을 소모하고, 소모된 우정이 단절로까지 이어지는 것이다.

따라서 우정을 소중히 여긴다면 기대와 부탁으로 자신과 친구를 구속하지 말아야 한다. 기댈 수 있는 만큼 기대고, 감당할 수 있는 만큼 감당하며, 함께할 수 있는 만큼 함께하는 것이 좋다.

이와 더불어 격려와 지지가 필요하다. 우정의 핵심은 상호 간의 관심과 정서적 친밀감이다. 이는 격려와 지지, 두 행위와 맞닿아 있다. 격려와 지지가 소통과 공감을 불러오고, 이를 바탕으로 신뢰가 쌓이면서 우정이 깊어지기 때문이다.

따라서 서로를 걱정해 주는 친구, 서로를 위로해 주는 친구, 서로를 칭찬해 주는 친구, 서로의 편이 되어주는 친구 관계가 바람직하다.

기대와 부탁으로 친구는 멀어지고, 격려와 지지로 친구는 가까워진다.

내 우정은 어떤 모습의 우정일까. 기대와 부탁을 말하는 우정일까, 아니면 격려와 지지를 보내는 우정일까. 우정은 기대와 부탁으로 흩어지고, 격려와 지지로 짙어진다는 사실을 유의하자.

"우정을 가볍게 여기는 친구는 기대와 부탁을 말하고, 우정을 무겁게 여기는 친구는 격려와 지지를 보낸다."

진정한 친구는 말이 아닌 마음을 건넨다

우리는 다양한 사회관계망을 통해 많은 사람과 교류하는 시대에 살고 있다. 이로 인해 많은 사람이 자신의 주변에 친구들이 많다고 생각한다. 하지만 그중에 진정한 친구가 몇 명이나 있을까.

세계 최대의 유통기업인 월마트의 창업자 샘 월튼(Sam Walton)

은 임종을 앞두고 자신의 삶을 돌아보며 친구라고 말할 수 있는 사람이 없음을 크게 후회했다. 따뜻한 한마디를 건네줄 친구, 말 못 할 고민을 이해해 줄 친구, 상처를 같이 아파해 줄 친구가 제대로 없었기 때문이다.

밤새 술잔을 기울여도, 매번 경조사를 챙겨도, 자주 모임을 해도 마음 터놓을 친구를 얻기는 쉽지 않다. 오죽하면 예로부터 "진정한 친구 세 명만 있어도 성공한 인생이다."라는 말이 전해졌을까.

불교 경전 《불설패경초(佛說孛經抄)》를 보면 친구가 네 종류로 분류되어 있다.[37]

친구의 네 가지 종류

① 화우(花友): 꽃과 같은 친구

- 꽃이 지고 나면 돌아보는 사람이 없는 것처럼 자기가 좋을 때만 찾아오는 친구

② 칭우(秤友): 저울과 같은 친구

- 저울이 무게에 따라 이리저리 왔다 갔다 하는 것처럼 자신의 이익에 따라 움직이는 친구

③ 산우(山友): 산과 같은 친구

- 산이 언제나 그 자리에서 반겨주는 것처럼 생각만 해도 편안하고 든든한 친구

④ 지우(地友): 땅과 같은 친구

– 땅이 싹을 틔워주고 곡식을 길러주는 것처럼 한결같은 마음으로 지지해 주는 친구

진정한 친구는 산우 또는 지우와 같다. 착한 친구, 정직한 친구, 배려심 많은 친구 등 모두가 좋은 친구이지만, 항상 그 자리에서 한결같은 마음을 보여주는 친구가 진정한 친구이다.

영국의 한 출판사가 상금을 걸고 친구의 정의를 공모한 적이 있었다. 수상작으로 "기쁨은 곱해주고 고통은 나눠 갖는 사람", "나의 침묵을 이해해 주는 사람" 등이 뽑혔다. 하지만 1등은 "친구란 온 세상이 다 내 곁을 떠났을 때 나를 찾아오는 사람이다."였다.

주변을 돌아보자. 이런 친구가 있다고 장담할 수 있을까.

친구라고 다 같은 친구가 아니다. 친구는 서로 마음의 스위치가 켜져 있어야 한다. 마음을 주고받지 않으면 '세상이 내게 등을 돌려도 나를 믿어주는 친구'는 얻을 수 없다.

마음이 통하는 친구가 진정한 친구이다. 이런 친구는 "네가 있어 정말 좋아.", "우리 우정 변치 말자."라는 말을 나열하지 않아도 서로의 마음을 느낄 수 있다. 입이 아닌 눈빛으로, 말

이 아닌 마음으로 서로를 바라보기 때문이다.

단 이런 친구를 두려면 나 자신이 먼저 그 사람의 친구가 돼야 한다. 내가 먼저 마음의 손길을 내밀어야 한다. 친구는 내 부름에 대한 응답이기 때문이다.

"허울뿐인 친구는 달콤한 말을 건네고, 진실한 친구는 잔잔한 눈빛을 건넨다."

가는 정이 있어야 오는 정이 있다

일반적으로 우정은 시간이 흐를수록 깊어진다. 하지만 반드시 그런 것만은 아니다. 한 사람이 주로 베풀고 다른 사람은 받는 일방향 우정이냐, 두 사람이 서로 주고받는 쌍방향 우정이냐에 따라 양상이 다르게 나타난다.

일방향 우정은 관계 불균형으로 우정이 지속되고 발전하기 어렵다. 반면에 쌍방향 우정은 지속적인 상호 작용으로 우정이 강화되고 돈독해진다.

이는 인간관계에서 작동하는 '상호성의 법칙'을 보면 알 수 있다. 상호성의 법칙은 A가 B에게 호의를 베풀면, B 역시도 A에게 호의를 베푼다는 법칙으로, 이와 관련해 미국 심리학자 데니스 리건(Dennis Regan)이 대학생을 대상으로 진행한 실험이 있다.

리건의 조수는 학생 행세를 하며 미술감상 실험에 참여한 학생들에게 공짜 콜라를 권유했다. 그리고 실험이 끝난 후 학생들에게 한 가지 부탁을 했다. 자신이 복권을 판매 중인데, 복권을 구매해 달라는 내용이었다. 그때 공짜 콜라를 마신 학생이 그렇지 않은 학생보다 복권을 2배 이상 더 구매했다. 공짜 콜라를 마셨기 때문에 본인도 호의를 베풀어야 한다는 상호성의 법칙이 구현된 것이다.[38]

우정도 마찬가지이다. 상호성의 법칙이 적용된다. 물질적이나 정신적으로 서로 주고받는 쌍방향 우정을 통해 유대감과 결속력이 강화된다.

그렇다고 쌍방향 우정이 "내가 이만큼 줬으니 너도 이만큼 줘야 한다."라는 '기브 앤드 테이크(give and take)'를 의미하는 것은 아니다. 각자가 처한 상황이나 형편이 다르므로 매 순간 똑같은 상호 작용을 적용할 수는 없다. 각자의 위치에서 최선을 다한다면 그 또한 쌍방향 우정이다.

따라서 쌍방향 우정은 시소 타기와 같다. 서로 무게가 달라도 시소를 탈 수 있는 것처럼 정이든, 도움이든, 즐거움이든 자신이 놓인 위치에서 힘을 기울이면 된다.

우정은 고장난명(孤掌難鳴)이다. 외손뼉만으로 소리가 울리지 않는 것처럼 우정도 주고받지 않으면 고장(孤掌)을 넘어 고장(故障)이 난다는 사실을 꼭 기억하자.

"우정은 주파수와 같다. 서로 주고받는 주파수가 있어야 교신할 수 있다."

우정은 숫자 놀음이 아니다

성격이 모난 데가 없이 부드럽고 활발한 친구를 보면 주변이 친구들로 북적인다. 항상 많은 친구를 두고 있다. 이는 축복이다. 믿고 의지할 만한 친구가 많을 수 있기 때문이다.

하지만 친구가 많을수록 어느 한 사람과 두터운 관계를 맺고 긴밀히 유지할 가능성은 작아진다. 관계 형성과 유지에는 상당한 시간과 노력이 들어가는데 친구가 많을수록 시간과 노력에 제한을 받기 때문이다.

따라서 친구가 많다고 꼭 좋은 것만은 아니다. 이는 역으로 어느 한 사람과 깊은 우정을 나누지 못한다는 방증이기도 하다.

이런 이유로 개인심리학의 창시자인 알프레드 아들러(Alfred Adler)는 인생 과제 중 하나로 교우 과제를 들면서 "친구의 수는 중요하지 않다. 중요한 것은 관계의 거리와 깊이다."라고 밝혔다. 교우 과제의 본질은 친구가 많으냐 적으냐에 있는 것이 아니라 얼마나 진실한 관계를 맺을 수 있느냐에 있다고 본 것이다.[39]

친구는 양이 아니라 질이 중요하다. 숫자로 논하는 것이 아니라 깊이로 논해야 한다. 넓지만 얕은 친구 관계, 좁지만 깊은 친구 관계, 둘 중 더 건설적인 관계는 후자이다.

영국의 계관 시인 앨프리드 테니슨(Alfred Tennyson)은 "적이 한 사람도 없는 사람을 친구로 삼지 말라. 그는 중심이 없고 믿을만한 가치가 없는 사람이다."라며 "차라리 분명한 선을 갖고 반대자를 가진 사람이 마음에 뿌리가 있고 믿음직한 사람이다."라고 피력했다. 적이 없는 사람은 내 곁에도, 다른 사람 곁에도, 그 누구 곁에도 서지 않는 사람이라 친구가 될 수 없다고 판단한 것이다.

친구가 많은 친구도 마찬가지이다. 한 사람 한 사람과 깊은 관계를 나눌 수 없어 좋은 친구와는 거리가 있다. 이는 나와 친구 모두에게 적용된다.

따라서 친구가 많다고 좋은 것도 아니고, 적다고 나쁜 것도 아니다. 친구가 많을 까닭도, 많을 필요도 없다. 우리에게 필요한 친구는 많은 친구가 아니라 깊이 있는 친구이다.

"친구의 수가 많을수록 시간과 노력은 분산되고, 친구의 수가 적을수록 시간과 노력은 집중된다."

가난 속에서 우정을 노래할 수 없다

친구와의 자리가 그리운 어느 날, 주머니 사정상 친구에게 선뜻 전화를 걸지 못하고 망설일 때가 있다. 반갑게 자리해 줄 친구임을 알고 있지만, 괜한 자격지심과 신세 지기 미안해서.

경제적 사정이 어려운 경우, 이와 같은 상황은 종종 일어난다. 특히 만남에 드는 비용을 한쪽이 주로 부담하는 경우는 더욱 그렇다.

이런 측면을 볼 때 개인의 경제적 사정은 친구와의 관계 형성에 중요한 요소가 된다. 돈이 없으면 친구 간 교류가 영향을 받고, 이로 인해 친구 관계도 변화가 찾아오기 때문이다.

선인들의 지혜를 담은《명심보감(明心寶鑑)》을 보면 "빈거요시무상식 부주심산유원친(貧居鬧市無相識 富住深山有遠親)"이라는 말이 나온다. "가난하게 살면 번화한 시장에 살아도 서로 아는 사람이 없고, 넉넉하게 살면 깊은 산중에 살아도 멀리서 찾아오는 친한 이가 있다."라는 뜻으로, 경제적 사정에 따라 인간관계가 영향을 받는다는 의미를 담고 있다.[40]

이 말처럼 우정도 경제적 사정, 즉 돈과 동떨어져 생각할 수 없다. 만남에 드는 비용(찻값, 밥값, 술값), 친분에 지출되는 비용(취미, 모임, 경조사) 등 모두가 돈과 연관되어 있다.

만일 이런 비용을 한쪽에 지나치게 의존하거나 한쪽이 지나치게 부담하는 경우에 우정은 흔들리게 된다. 의존하는 쪽은 만남을 삼가게 되고, 부담하는 쪽은 만남을 피하게 되기 때문이다.

물론 가난 속에서도 서로의 형편을 헤아려 주는 따뜻함이 녹아 있는 우정이 존재한다. 가장 고귀한 우정이 가난할 때의 우정인 이유도 이 때문이다.

하지만 현실 속 우정은 팍팍하다. 친구라는 이유로 항상 신세 질 수도, 항상 베풀 수도 없는 노릇이다. 돈으로 우정을 살 수는 없지만, 우정에도 돈이 필요하다.

최소한의 돈을 갖추지 못하면 우정은 좌초될 수 있다. 가난 속에서 우정을 노래하는 순간, 만남은 부담이 되고, 부담은 불편함이 되며, 불편함은 멀어짐을 초래할 것이다. 이것이 현실 속 우정의 모습이다.

"우정에도 비용이 든다. 싸든 비싸든 그 가격을 지급해야 우정을 곁에 둘 수 있다."

뜨거운 논쟁, 차가운 우정

우리는 가끔 어떤 현상이나 특정 사안에 대해 논쟁을 벌이곤 한다. 하지만 논쟁은 인간관계에 도움이 되지 않는다. 좋은 결론을 끌어내기 위해 논쟁을 벌이지만, 각자가 의견을 내세우다 보면 상대방의 기분을 상하게 하고 감정에 상처를 남기기 때문이다.

이 때문에 자기 계발 분야의 선구자인 데일 카네기(Dale Carnegie)가 그의 저서《데일 카네기 인간관계론》에서 "논쟁에서 최선의 결과를 얻는 유일한 방법은 논쟁을 피하는 것이다."라고 말하기까지 했다. 논쟁에서 상대방을 이길 수는 있어도 상대방의 호의를 불러올 수 없다는 것을 알았기 때문이다.[41]

친구 관계도 다르지 않다. 친구와의 논쟁에서 얻을 수 있는 것은 아무것도 없다. 이겨도 지는 것이고, 져도 지는 것이다. 내가 이기면 친구 기분이 상해져 관계가 멀어질 수 있고, 반대로 친구가 이기면 내 기분이 상해져 관계가 멀어질 수 있기에.

따라서 논쟁은 우정의 적이다. 논쟁을 좋아하는 사람 곁에 친구가 별로 없는 것도 바로 이런 이유이다.

많은 사람이 친구 앞에서 자기주장을 내세운다. 그리고 친구가 가만히 있으면 자신의 말을 이해했거나 설득됐을 것으로 생각한다. 하지만 이는 오판이다. 친구는 논쟁이 싸움으로 번지지 않도록 단지 물러섰을 뿐이다.

이런 경우가 대부분이다. 따라서 논쟁을 벌이지 말자. 친구를 이기려 하지 말자. 가령 논쟁에서 이긴다 해도 친구와의 사이가 멀어진다면 아무 소용이 없다.

논쟁을 벌이지 않고, 친구를 이길 필요도 없는 길은 논쟁 자체를 피하는 것이다. 만일 대화가 논쟁으로 흐른다면 자연스럽게 다른 주제로 넘어가야 한다. 사고의 차이를 인정하고 논쟁에서 벗어나야 한다.

입을 내밀수록 우정은 흐려지고, 귀를 세울수록 우정은 짙어진다. 논쟁이 뜨거울수록 우정이 차가워진다는 사실을 명심하자.

"논쟁은 나와 친구, 두 사람 모두를 패자로 만들 뿐이다. 두 사람 모두의 호의를 불러올 수 없기 때문이다."

(Chapter 9.)

사랑

사랑은 두 얼굴을 가진 야누스다. 시작 vs 끝, 기쁨 vs 슬픔, 만족감 vs 상실감, 행복 vs 불행 등 양면성을 띠고 있다. 사랑이 찾아오면 기쁨과 만족감이 행복을 몰고 오고, 사랑이 떠나가면 슬픔과 상실감이 불행을 몰고 온다.

이처럼 사랑은 삶을 풍요롭게 하기도 하고, 삶을 흔들기도 한다. 양날의 검으로 긍정적인 측면과 부정적인 측면을 같이 갖고 있다.

물론 우리에게 선택권은 없다. 사랑은 내 의사와 상관없이 찾아오고, 내 의지와 상관없이 떠나가기 때문이다.

다만 사랑의 본질을 알면 사랑에 덜 묶이고 이별에 덜 잠긴다. 사랑에 현혹되어 인생을 걸거나, 이별에 파묻혀서 인생을 버리는 것을 막을 수 있다.

똑똑한 사람은 사랑에 목숨 걸지 않는다

누구나 한 번쯤 '사랑은 인생의 전부이다.'라는 생각을 품을 때가 있다. 사랑하는 순간 삶의 의미가 달라지고, 그 의미가 세상을 살아갈 이유가 되기 때문이다.

하지만 '사랑 = 인생'이란 생각은 위험하다. 사랑만 바라보면 삶이 방치될 수 있고, 사랑에 매달리면 집착에 빠질 수 있다. 게다가 그토록 사랑하던 마음도 변할 수 있다.

따라서 사랑은 적당한 무게가 필요하다. 사랑을 가볍게 여겨서도 안 되지만, 무겁게 여겨서도 안 된다. 가벼운 사랑은 흩날려 이별을 불러오고, 무거운 사랑은 삶까지 걸도록 만들기 때문이다.

윌리엄 셰익스피어(William Shakespeare)의 희곡 〈로미오와 줄리엣〉에서 몬터규 가문의 로미오와 캐풀렛 가문의 줄리엣은 서로 반해 사랑에 빠진다. 하지만 로미오가 캐풀렛 가문의 사람을 죽이고 달아난 후, 줄리엣은 로미오를 보러 가기 위해 약을 먹고 죽은체한다. 그 순간 돌아온 로미오는 줄리엣이 죽은 줄 알고 스스로 생을 마감하고, 줄리엣도 뒤따라 생을 마감한다. 두 사람에게 사랑은 목숨 그 이상, 인생 그 자체였다.[42]

이들의 사랑이 정말 아름다운 것일까. 아니 그렇지 않다. 사랑에 전부를 거는 것은 어리석은 일이다.

사랑은 소나기와 같다. 순식간에 온몸을 적시지만, 그 시간은 오래가지 않는다. 소나기가 멈추면 파란 하늘이 찾아오듯 사랑의 열병이 지나면 일상은 다시 돌아간다.

더욱이 사랑을 유발하는 화학 물질은 유통기한이 있다. 감정을 부추기는 테스토스테론과 에스트로겐, 사랑에 빠뜨리는 도파민과 세로토닌, 유대감을 가져오는 옥시토신과 바소프레신 등의 분비는 길게 3년을 넘어가지 못한다. 사랑이 변하는 이유도 이 때문이다.[43]

결국은 나도 변하고, 상대도 변하고, 우리 모두 변한다. 예외는 없다. 똑똑한 사람은 이를 알기에 사랑에 목숨 걸지 않는다.

따라서 똑똑한 사람은 살랑살랑한 사랑을 한다. 심하지 않게 가만히 사랑한다. 치열한 사랑이 아닌 잔잔한 사랑을 한다.

이로 인해 사랑이 떠나가도 인생이 흔들리지 않는다.

'사랑 = 인생'이 아니라 '사랑 ⊂ 인생'이다. 우리가 가야 하는 사랑의 길은 이 길이다.

"사랑은 영원하지 않다. 나도 변하고, 상대도 변하고, 우리 모두 변한다. 이것이 사랑에 전부를 걸지 않아야 할 이유이다."

영화 속 사랑이 내 것은 아니다

사람은 누구나 사랑에 대한 환상을 갖고 있다. 동화 같은 만남과 낭만적 결말을 꿈꾼다. 자신의 인생을 아름답게 채색할 운명적 사랑을 그린다. 이런 환상은 시간이 지나면서 점차 흐릿해지지만, 기대를 깨끗이 버리지 못한다.

이는 영화 속에 등장하는 사랑 이야기와 그런 사랑을 끝까지 믿고 싶은 마음이 신분 상승 로맨스와 어우러져 사랑에 대한 환상을 붙잡도록 하기 때문이다.

하지만 현실은 영화와는 사뭇 다르다. 영화 속 사랑이 일어날 수 있지만, 나의 몫은 아니다. 내 현실과는 다른 세상에 존재하는 누군가의 몫일 뿐이며, 그 누군가의 사랑도 행복을 끝까지 보증하지 못한다.

영화 〈위(W.E.)〉는 이혼 경력이 있는 미국인 유부녀 심슨 부인과 사랑에 빠져 왕위를 버린 영국 에드워드 8세(윈저공)의 실제 이야기를 담고 있다.[44] 하지만 실화에 기반한 이 영화도 관객들이 좋아할 부분을 골라 찍은 것이다. 두 사람의 만남과 결혼이 세기의 로맨스가 되어 사랑을 꿈꾸는 낭만주의자들을 열광시켰지만, 그들의 결혼 생활이 마냥 행복했던 것은 아니다.

영화는 영화일 뿐이다. 영화 같은 낭만적 사랑은 현실 속에 존재하지 않는다.

내가 원하는 모든 것을 갖춘 사람, 내 삶을 바꿔줄 사랑을 기대하고 있다면 온달 콤플렉스나 신데렐라 콤플렉스에 빠진 것이다. 나를 환하게 빛내줄 평강공주도, 나를 화려하게 수놓아 줄 왕자도 없다. 설령 있다 해도 온달이 될 재목을 가진 남자에게 평강공주가 찾아오며, 신데렐라가 될 자격을 지닌 여자에게 왕자가 찾아온다.

세상을 둘러보자. 어떤 사람끼리 관계를 맺어가고 있을까.

재벌+재벌, 재벌+톱스타, 톱스타+톱스타 등으로 결합한다. 몇 안 되는 재벌+일반인, 톱스타+일반인 등의 사례에 묶여 내 사랑도 그와 같을 것이라는 낭만을 씌우지 말자.

결국, 비슷비슷하게 만난다. 재산, 소득, 직업 등이 비슷한 사람끼리 만나 현실적인 짝을 이루며 살아간다.

영화 밖 세상은 영화 속 세상과 다르다. 사랑에 대한 환상을 버리는 것이 좋다. 나를 하루아침에 다른 곳으로 데려다줄 왕자와 공주는 없다. 만남에도 조건이 필요한 세상에서 영화 속 사랑은 찾아오지 않을 것이다.

"온달과 신데렐라를 꿈꾸지 말자. 세상은 호락호락하지 않다. 좋은 짝을 만나려면 먼저 좋은 짝이 되어야 한다."

사랑의 온도는 차이가 있다

사랑하는 연인 사이라도 사랑의 깊이는 서로 다르다. 똑같은 시선으로 서로를 바라보는 것도 아니고, 똑같은 속도로 서로에게 다가가는 것도 아니다. 누군가는 더 사랑하고, 누군가는 더 사랑받는다.

이로 인해 내가 사랑하는 만큼 상대방이 나를 사랑하고 있지 않다는 생각이 드는 경우 아쉬움을 넘어 서운함을 느끼게 된다. 자신이 초라해 보이기까지 한다.

하지만 사랑의 온도 차이는 필연적이다. 누구도 예외일 수 없다. 감정의 무게와 표현의 방식이 다르므로 같은 깊이의 사랑은 존재할 수 없다.

프랑스 철학계의 거장 알랭 바디우(Alain Badiou) 또한 사랑에 대한 철학적 담론에서 "사랑은 둘의 경험이다."라며, 둘의 무대를 강조했다. 사랑은 둘이 만나 하나가 되는 행위가 아니라 둘이 둘로서 존재하는 행위라고 인식하며, 둘의 차이를 인정해야 사랑이 지속된다고 본 것이다. 이를 바디우는 "사랑이란 비대칭성 차이에 대한 충실성"이라고 표현하기도 했다.[45]

'사랑의 비대칭 차이', 즉 '사랑의 온도 차이'는 영화 〈봄날은 간다〉에서 볼 수 있다. 사운드 엔지니어 상우와 지방 방송국 라디오 PD 은수는 같이 프로그램을 준비하며 사랑에 빠진다. 하지만 봄을 지나 여름을 맞이하면서 두 사람의 관계는 삐걱거린다. 이혼 경험이 있는 은수는 결혼할 생각이 없었고, 상우는 그것을 이해할 수 없었기 때문이다. 결국 "헤어지자."라는 은수의 말에 상우는 "사랑이 어떻게 변하니?"라며 되묻는다.[46]

그렇다면 상우의 되물음처럼 사랑이 변한 것일까, 아니면 은수가 변한 것일까. 둘 다 맞다. 하지만 본질적인 문제는 사랑의 온도에 기인한다. 사랑의 온도가 변하였고, 그 차이가 둘의 사랑을 끝낸 것이다.

변하는 것은 사랑이 아니라 사랑의 온도이다. 사랑의 온도가 변하는데 사랑이 어떻게 변하지 않을 수 있겠는가.

사랑의 온도 차이가 크면 사랑은 깨질 가능성이 크고, 작으면 사랑은 계속될 가능성이 크다. 더 많이 주는 사랑, 더 많이 받는 사랑은 그 차이만큼 이별의 위험성에 노출되어 있다.

따라서 사랑을 지키고 싶다면 사랑의 온도 차이를 줄이거나, 서로의 온도 차이를 받아들여야 한다. 상대를 향한 눈길과 배려, 차이에 대한 인정과 이해가 필요한 것이다.

"사랑의 온도는 서로 다르다. 그 차이를 줄이거나, 그 차이를 인정할 때 사랑이 멈추지 않고 유지될 수 있다."

눈의 거리가 마음의 거리이다

영어 속담 중 "아웃 오브 사이트, 아웃 오브 마인드(Out of sight, out of mind)"라는 말이 있다. 직역하면 "눈에서 벗어나면 마음에서도 벗어난다."라는 뜻으로, 사람이건 물건이건 눈에서 보이지 않으면 잊힌다는 의미를 담고 있다.

사랑도 이와 같다. 서로 떨어져 지내다 보면 자연스럽게 소원해진다. 물리적 거리감이 심리적 거리감으로 이어진다.

이는 드레이크 도리머스(Drake Doremus) 감독의 영화 〈라이크 크레이지(Like Crazy)〉에서 잘 드러난다. 감독의 실제 경험을 바탕으로 만든 이 영화에서 영국 여자 애나와 미국 남자 제이콥은 LA에서 만나 열정적 사랑에 빠지고, 비자 만료로 애나가 영국으로 돌아간 이후에 롱디(long distance) 커플이 된다. 하지만 장거리 연애를 시작하면서 둘은 서로가 없는 삶에 점차 익숙해지고, 각자 새로운 사람과 사귀게 된다.[47]

이처럼 거리가 멀어지면 사랑도 멀어진다. 소통할 수 있는 시간, 공감할 수 있는 공간의 제약으로 사랑의 밀도가 줄어들기 때문이다. 서로의 감정과 생각을 나눌 기회가 줄어들어 정서적 유대감이 약해지기 때문이다.

미국 심리학자 제임스 보사드(James Bossard) 교수가 결혼 증명서 등록을 신청한 5,000쌍의 부부를 대상으로 결혼 전 두 사람의 주소가 얼마나 떨어져 있는지를 조사했다. 그 결과, 조사 대상의 33%가 다섯 블록 이내에 살았다. 가까이 살수록 결혼 확률이 올라갔고 멀리 살수록 결혼 확률이 떨어진 것이다. 이를 토대로 보사드 교수는 물리적 거리가 가까워야 마음의 거리도 가까워진다는 '보사드의 법칙'을 주창했다.[48]

보사드의 법칙은 물리적 거리에 국한되지 않는다. 물리적 거리가 가까워도 자주 보지 않으면 마음에서 멀어진다. 보고 싶을 때 볼 수 없고, 함께하고 싶을 때 함께할 수 없다면.

결국 '아웃 오브 사이트, 아웃 오브 마인드', '보사드의 법칙'이 시사하는 바는 분명하다. 만나는 시간이 줄어들수록 이별은 가까워지고, 만나는 시간을 줄일수록 이별은 자연스러워진다.

사랑에 대한 청춘의 방황을 그린 무라카미 하루키(Murakami Haruki)의 대표 소설《상실의 시대(원제:노르웨이의 숲)》를 보면 남자가 여자에게 담배 끄는 방법을 가르쳐 준다. "무리하게 끄려고 하지 말고 서서히 주위부터 꺼 들어가는 거야."라고. 여자

는 남자가 가르쳐 준 담배 끄는 방법처럼 서서히 연락과 만남을 줄이며 남자와 이별한다.[49]

눈의 거리가 마음의 거리이다. 함께하는 시간이 많을수록 사랑은 곁에 머물고, 함께하는 시간이 적을수록 사랑은 곁에서 떠나간다.

따라서 사랑과 이별에도 상호 연관되는 행동 강령이 있다. 사랑을 유지하고 싶다면 눈에 가까이 두고, 이별을 맞이하고 싶다면 눈에서 멀어져야 한다. 이것이 사랑을 대하고 이별을 고하는 자세이다.

"만남이 줄어들면 마음도 줄어든다. 만남은 마음과 마음의 연결고리이기 때문이다."

사랑은 현실을 먹고 산다

시대를 불문하고 사랑과 관련해 오랫동안 계속되는 명제가 있다. "돈 vs 사랑, 돈이 중요할까? 사랑이 중요할까?"가 그것이다.

돈일까, 아니면 사랑일까. 아니 그보다 둘 중 하나를 한 치의 망설임 없이 선택할 수 있을까.

많은 사람이 돈보다는 사랑을 선택한다. 돈을 선택하면 속물로 치부하고, 사랑을 선택하면 낭만주의자로 예찬한다.

하지만 시간이 지날수록 깨닫는 사실이 있다. '돈 vs 사랑'은 어리석은 구분이다. 두 가치를 이분법적으로 나눌 수 없다. 돈은 사랑의 중요한 조건이고, 사랑은 돈이 필요하기 때문이다.

카페 식사, 영화 관람, 커플 여행 등 연애 시절 데이트 비용뿐만 아니라 결혼 준비, 내 집 마련, 육아·교육 등 결혼 생활 전반에 걸쳐 다 돈이 들어간다. 사랑의 가치를 돈의 가치보다 우위에 둘 수 있을지는 모르지만 사랑은 돈, 즉 현실에서 벗어날 수 없다.

더욱이 사랑과 돈의 관계는 햇살과 그림자의 관계와 같다. 한낮의 햇살이 비칠 때 그림자의 길이는 짧지만, 해 질 녘 햇살이 비칠 때 그림자의 길이는 길다. 마찬가지로 사랑이 한창 타오를 때 돈의 무게는 작게 드리우나, 사랑이 점차 잦아들 때 돈의 무게는 크게 드리운다.

"가난이 대문을 두드리면 사랑이 창문으로 달아난다."라는 말이 있다. 아무리 사랑해도 생활이 어려워지면 점차 불만이 쌓이면서 관계가 벌어지게 된다. 반지하 방, 옥탑방에 살면서 사랑을 노래하고, 사랑을 예찬할 수 없다.

가난은 사랑의 걸림돌이자 장애물이다. "사랑하면 가난도 극복할 수 있다."라는 말은 이상이지 현실이 아니다. 사랑이 현실의 벽을 넘어서지 못해 깨지는 경우는 비일비재하게 일어난다. "널 사랑하지만 이렇게는 살 수 없어. 우리 그만 헤어지자."라는 드라마 속 대사는 현실이다.

사랑은 돈과 맞닿아 있다. 사랑을 소중히 여긴다면 돈에 소홀해서는 안 된다. 사랑의 먹이가 돈이라는 사실을 잊어서는 안 된다.

"해줄 수 있는 것이 별로 없지만, 누구보다도 널 사랑한다."라고 말하지 말자. 해줄 수 있는 게 없으면서 사랑하는 것은 이기적인 사랑이다. 무책임한 사랑이다.

돈으로 사랑을 살 수 없다. 하지만 사랑을 지킬 수 있다. '돈 vs 사랑'이 아닌 '돈 and 사랑'을 생각해야 한다. 그 길이 사랑을 오래 곁에 두는 길임을 잊지 말자.

"돈은 사랑을 보호하는 기본 도구이다. 사랑을 받치는 밑받침이다. 현실이 사랑을 갉아먹는 것을 막아주기 때문이다."

떠난 사랑은 다시 찾지 않는다

우리는 사랑하는 순간 착각에 빠진다. 내 사랑이 끝날 수 있다는 생각은 하지 못한 채 행복한 미래를 그린다. 하지만 사랑 뒤에는 이별이 찾아올 수 있다. 사람은 변하기 마련이고, 이에 따라 사랑도 변하기 때문이다.

결국, 누군가를 사랑한다는 것은 이별을 곁에 둔다는 의미이다. 사랑과 이별이 같은 공간에 존재한다는 의미이다.

따라서 사랑의 횟수가 많을수록 이별의 감정이 낯선 일은 아닐 것이다.

하지만 이별은 언제나 가혹하고 고통스럽다. 절망, 후회, 분노, 자괴감, 자책감, 그리움, 사무침, 외로움 등의 헤아릴 수 없는 수많은 감정이 머리를 강타한다. 불면증, 피로감, 무기력, 우울증 등의 증상이 정신을 피폐하게 만든다. 이별이 정서적,

정신적으로 큰 상처로 이어지는 것이다.

이별은 왜 이토록 항상 혹독한 대가를 요구하는 것일까. 왜 매번 적응이 안 되는 것일까.

바로 미련 때문이다. 사랑이 떠난 줄을 알면서도 이별을 수용하지 못하는 마음이, 사랑을 되찾을 수 있다는 몸부림이 자신을 힘들게 한다.

하지만 우리는 모두 알고 있다. 미련은 사랑을 리콜하지 못한다. 이별의 순간, 상대는 이별을 결심하고 이별을 결정했기 때문이다. 이미 이별의 준비를 마쳤기 때문이다.

따라서 미련은 미련한 짓이다. 떠난 사랑은 돌아오지 않는다. 설사 돌아온다 해도 그때 그 사람이 아니다. 그때 그 사랑이 아니다. 돌아온 사람이, 되찾은 사랑이 예전과 같을 수 없다. 더욱이 한 번 떠난 사랑이 또다시 떠나지 않는다고 장담할 수 있을까.

이별을 대처하는 가장 좋은 마음가짐은 떠난 사랑을 다시 찾지 않는 것이다. 돌이킬 수 없는 사랑을 위해 자신을 허비하지 않는 것이다.

이별에 대처하는 자세

① 감정은 드러내야 풀어진다.

→ 말로 밝히든, 글로 표현하든 감정을 표출하자.

② 사람은 사람으로 잊힌다.

→ 새로운 이성과 만남을 시작하자.

③ 연결 고리는 추억을 불러온다.

→ 함께한 장소, 기억 속 물건에서 벗어나자.

④ 혼자 있으면 부정적인 감정에 휘둘린다.

→ 다른 사람들과 함께하는 시간을 늘리자.

⑤ 여가 생활은 기분을 올려준다.

→ 운동, 독서, 여행, 자기 계발 등에 나서자.

상처가 아물면 새살은 반드시 돋아난다. 그 사랑만이 사랑이 아니다. 또 다른 사랑이 반드시 찾아온다. 사랑의 끝이 이별이라면 이별의 끝은 또 다른 사랑이므로.

"사랑은 속절없이 떠나가고, 이별은 여지없이 흘러간다. 떠나간 사랑에 연연하지 말고, 찾아온 이별에 아파하지 말자."

이별 상처에 내성은 없다

이별은 항상 아프다. 아무리 이별을 겪어봐도 익숙해지지 않는다. 첫 번째 겪는 이별보다 두 번째 겪는 이별이 덜 아프고, 두 번째 겪는 이별보다 세 번째 겪는 이별이 덜 아픈 것은 아니다.

이별이 항상 아픈 것은 함께한 추억이 불쑥 떠오르고, 상대가 자꾸 아른거리며, 다시 볼 수 없는 현실이 사무치기 때문이다. 이처럼 사랑의 잔상은 파편이 되어 마음속에 박힌다.

누군가는 말한다. "이별은 겪을수록 덜 아파진다."라고. 또 다른 누군가도 말한다. "이별의 횟수가 쌓일수록 이별의 아픔도 점차 견딜만해 진다."라고.

하지만 그 누군가가 지금 이별이 지난 이별보다 덜 아프다고 말한다면 이별을 겪어봤기 때문도 아니고, 아픔에 단련되었기 때문도 아니다. 사랑하는 마음이 깊지 않았거나, 이별이 두려워 마음을 덜 내어줬기 때문이다.

이별은 내성(耐性)이 생기지 않는다. 사랑한 만큼 이별의 아픔이 찾아온다. 어제의 이별과 오늘의 이별이 다르기 때문이다. 주고받던 문자, 같이 거닐던 거리, 함께 떠들던 카페, 자주 찾던 영화관 등 지난날의 흔적이 사랑마다 다른데 내성이 어떻게 생길 수 있을까.

게다가 이별은 심하면 정서적, 정신적 건강을 넘어 신체적 건강까지 해친다.

의학 용어 '상심 증후군(broken heart syndrome)'이 있다. 이는 극도의 스트레스를 받았을 때 심장마비와 비슷한 증상이 나타나는 것을 말하며, 이별로 인한 스트레스도 한 요인이 된다. 즉 이별이 불러온 슬픔, 상실감 등의 과도한 스트레스가 아드레날린, 노르아드레날린 등 교감신경 호르몬 분비를 증가시켜 심장 박동과 혈압을 상승시키고 혈관을 수축시켜 심장 손상을 유발할 수 있다.[50] 이는 나이가 들어도 세월이 흘러도 달라지지 않는다.

따라서 처음부터 사랑의 끝이 이별인 사랑에 들어서지 말자. 금지된 사랑, 환영받지 못할 사랑, 감당할 수 없는 사랑, 이루어질 수 없는 사랑을 시작하지 말자. 애초에 그 문을 두드리지 않는 것, 그것이 현명한 선택이다.

“이별은 매번 낯설고 언제나 상처를 남긴다. 이별 앞에 우리는 모두 언제나 아마추어이기 때문이다.”

(Chapter 10.)

결혼

결혼은 한 사람과 한 사람이 만나 삶을 공유하는 결합이다. 기쁨과 슬픔을 같이 나누고, 서로의 성장과 발전을 도우며, 행복한 미래를 향해 함께 달려가는 여행길이다.

따라서 결혼은 인생의 새로운 시작점이자 전환의 변곡점이라 할 수 있다. "배우자가 바뀌면 인생이 바뀐다."라는 말처럼 어떤 배우자를 만나느냐에 따라 인생의 방향과 내용이 달라지기 때문이다.

하지만 다른 환경 속 두 사람이 만나 서로의 삶을 공유한다는 것은 결코 쉬운 일이 아니다. 많은 사람이 성격 차이, 소통 부족, 경제적 어려움, 가치관 불일치 등으로 결혼 생활의 위기를 맞이한다.

물론 결혼을 안 하면 그만이다. 하지만 그래도 결혼에 대한 사색은 필요하다. 혼자 가든, 둘이 가든 그 선택의 이유가 분명해야 하기 때문이다.

결혼은 나를 위한 발걸음이다

결혼하는 사람들이 모두 사랑해서 결혼하는 것은 아니다. 결혼 동기는 사랑 외에도 다양하다. 어떤 사람은 재산을 보고 결혼하고, 어떤 사람은 외모에 반해 결혼하며, 어떤 사람은 직업을 보고 결혼한다.

물론 가장 이상적인 결혼 동기는 당연히 사랑이다.

하지만 재산, 외모, 직업 등을 동기로 삼는다고 해서 당당하지 못할 이유는 없다. 내 행복을 위해 결혼하는 만큼 자기 기준에 맞춘 결혼이 잘못된 것은 아니기 때문이다.

미국 심리학자 에이브러햄 매슬로(Abraham Maslow)는 인간의 욕구를 생리적 욕구(1단계), 안전 욕구(2단계), 애정과 소속 욕구(3단계), 존중 욕구(4단계), 자아실현 욕구(5단계) 등 5단계로 구분했다. 그에 따르면 인간의 행동은 각자의 필요와 욕구에 바탕을 둔 동기에 의해 유발된다.[51]

욕구 5단계설

① 생리적 욕구(1단계)

- 생존에 필요한 의식주에 관한 욕구

② 안전 욕구(2단계)

- 신체적, 정서적으로 안전을 추구하는 욕구

③ 애정과 소속 욕구(3단계)

- 애정과 소속감을 나누고 싶은 욕구

④ 존경 욕구(4단계)

- 타인으로부터 인정받고 존중받으려는 욕구

⑤ 자아실현 욕구(5단계)

- 자기 발전과 잠재력을 극대화하려는 욕구

결혼은 매슬로가 구분한 욕구와 밀접한 관계가 있다. 누군가는 의식주를 충족하고자, 누군가는 위협과 박탈로부터 보호받고자, 누군가는 사랑과 유대감을 함께하고자, 누군가는 동경과 부러움을 받고자, 누군가는 실력과 역량을 키워가고자 결혼한다.

어떤 이유로 결혼을 선택하든 결혼은 나를 위한 발걸음이다. 그 발걸음에 제약은 없다. 결혼을 통해 얻으려는 목적을 분명히 하면 된다.

이와 달리 만약 결혼 목적이 명확하지 않다면 그 길에 들어서서는 안 된다. 나이가 차서, 독립하고 싶어서, 적당한 사람이라서, 부모님이 원해서, 고마운 사람이라서 등의 모호한 이유가 동기가 되는 순간, 그 결혼은 방향성을 잃을 것이다.

결혼은 내가 원하는 욕구인 가치를 창출하는 과정이다. 결혼이 내 인생에 어떤 가치가 있는지, 결혼을 통해 내가 얻고자 하는 가치가 무엇인지를 명확히 인지하고 나서도록 하자.

"연애는 사랑으로 유지되지만, 결혼은 필요로 유지된다. 목적이 불분명한 결혼, 목적과 부합하지 않는 결혼은 금방 고장이 날 것이다."

결혼은 상대방의 단점과 사는 일이다

사랑하는 사람과 결혼하는 사람은 "이 사람과 결혼하면 행복할 거야."라며 이상적인 결혼 생활을 꿈꾸고, 조건에 맞춰 결혼하는 사람은 "이 사람과 결혼해도 괜찮을 거야."라며 수월한 결혼 생활을 그린다.

하지만 결혼 생활이 상상과는 다르다는 것을 깨닫는 데는 그리 오랜 시간이 걸리지 않는다. 상대방의 장점으로 생각했던 모습이 단점으로 바뀌고, 드러나지 않던 단점이 보이기 시작하면서 결혼 생활이 흔들리기 시작한다.

한 예로, 활동적인 사교성은 가정에 소홀한 모습으로, 돈 잘 쓰던 멋스러움은 경제관념이 엉망인 모습으로, 작은 것에 관심 둬주던 세심함은 간섭하는 모습으로 뒤바뀌어 보인다.

그렇다고 상대방을 바꿀 수 있는 것도 아니다. 사람은 쉽게 변하지 않을 뿐만 아니라 상대방을 바꾸겠다는 생각을 고수하다 보면 다툼만을 유발할 뿐이다. "나라고 할 말이 없는 줄 알아!"라는 대답만 돌아올 뿐이다.

러시아 속담에 "전쟁에 나갈 때는 한 번 기도하고, 바다에 갈 때는 두 번 기도하고, 결혼할 때는 세 번 기도하라."라는 말이 있다. 포화 속 전쟁터보다, 폭풍우 속 바다보다 위태로운 것이 결혼 생활이다. 성격, 습관, 가치관 등의 차이로 크고 작은 갈등이 수시로 일어나기 때문이다.

결혼 생활은 그만큼 아슬아슬하다. 무턱대고 상대방에게 변화를 강요할수록 더욱 그렇다. 갈등 폭발은 변화를 강요하면서 찾아오기 때문이다.

따라서 "결혼 전에는 눈을 크게 뜨고, 결혼 후에는 눈을 반쯤 감아라."라는 벤저민 프랭클린(Benjamin Franklin)의 말처럼 결혼 전에는 눈을 뜨고 상대방의 단점을 따져봐야 하지만 결혼 후에는 눈을 감고 상대방의 단점을 덮어줄 수 있어야 한다. 단점이 보이더라도 넘어갈 수 있어야 한다. 때때로 보고도 못 본 척, 들어도 못 들은 척, 알고도 모르는 척해야 한다.

사람은 누구나 단점을 갖고 있다. 이 때문에 결혼은 상대방의 장점뿐만 아니라 단점과도 함께 사는 일이다. '(장점) 그래서 산다.'에 더해 '(단점) 그래도 산다.'라는 인식이 필요하다.

이를 위해 상대방의 단점을 틀림이 아닌 다름으로 바라보자. 그래야 단점이 비판의 대상이 아니라 이해의 대상이 될 수 있고, 그때 비로소 서로의 차이를 인정하고 맞춰갈 수 있게 된다.

"나 자신도 내 마음대로 되지 않을 때가 있다. 하물며 상대방을 내 바람대로 바꿀 수는 없다. 결혼을 끝낼 생각이 아니라면 포기할 건 포기해야 한다."

결혼은 주식투자와 같다

결혼은 두 사람이 만나서 현재를 함께하며 미래를 향해 나아가는 과정이다. 따라서 결혼에는 세 가지 과정이 존재한다. 배우자를 선택하는 과정, 상승과 하락을 공유하는 과정, 미래를 설계하는 과정이다.

배우자 선택 과정(1 과정) → 상승과 하락 공유 과정(2 과정) → 미래 설계 과정(3 과정)

이로 볼 때 결혼은 주식투자와 닮아 있다. 기업을 신중하게 선택하는 것처럼 배우자를 세심하게 선택해야 하고, 주가 등락이 반복되는 것처럼 결혼 생활의 상승과 하락이 반복되며, 주식 가치 상승을 기대하는 것처럼 행복한 미래가 꾸며지길 기대한다.

주식투자와 결혼의 공통점

① 기업 선정 = 배우자 선택

기업을 선택할 때는 매출액, 영업이익, 당기순이익 등 다양한 지표를 철저히 분석해야 하는 것처럼 배우자를 선택할 때는 외모, 학력, 직업, 소득, 재산, 집안, 성격, 습관, 가치관 등의 조건을 따져

봐야 한다.

② 주가 등락 반복 = 결혼 생활의 상승과 하락 반복

주가가 경기 변동, 금리 변화, 사업 실적 등의 요인으로 등락을 반복해 그 가격을 예측할 수 없는 것처럼 결혼 생활도 기쁨과 슬픔, 즐거움과 아픔, 순경과 역경 등이 반복돼 그 끝을 예단할 수 없다.

③ 가치 상승 기대 = 행복한 미래 기대

주식을 보유할 때는 가치 상승을 기대하지만, 일말의 기대감이 사라지면 매도에 나서게 된다. 결혼 생활도 미래가 나아질 것이라는 기대로 지속하지만, 그 기대가 무너지면 청산에 나서게 된다.

따라서 결혼에 실패하는 이유는 주식투자에 실패하는 이유와 같다. 주식투자에 실패하는 이유가 기업 분석에 미흡하고, 주가 등락에 일희일비하며, 가치 상승에 막연한 기대를 품고 있기 때문인 것처럼 결혼에 실패하는 이유도 배우자 조건을 간과하고, 희로애락에 쉽게 흔들리며, 미래가 아득해 보이기 때문이다.

그러므로 결혼에 나설 때는 세 가지 질문을 던져보자. "배우자 조건을 자세하게 살폈나?", "결혼 생활의 상승과 하락을 함께할 수 있을까?", "미래를 끝까지 함께 그려갈 수 있을까?"를.

이 질문에 Yes라고 답할 수 없다면 결혼에 신중해야 한다.

"결혼 전에는 조건을 보고, 결혼 후에는 미래를 보자. 조건과 미래를 함께할 수 없다면 손절매에 나서야 한다. 손절매를 망설이다 보면 손실을 넘어 인생 폭락장에 들어서게 된다."

결혼은 자유를 담보로 인내를 시험한다

결혼하면 두 사람은 서로의 삶을 함께 나눠야 한다. 결혼하는 순간 두 사람의 시간은 하나의 시간으로 묶이고, 두 사람의 공간도 하나의 공간으로 모이기 때문이다.

하지만 하나의 시간, 하나의 공간을 서로 나눠야 하므로 한 사람이 더 많은 시간과 공간을 가질수록 다른 사람은 그만큼의 시간과 공간을 양보해야 한다. 이 과정에서 삶의 자유가 일정 부분 구속될 수밖에 없다.

이를 두고 "결혼은 아름다운 구속이다."라고 말하는 사람들이 있다. 행복한 결혼 생활은 서로 조금씩 양보하고 배려하는 과정을 통해 이뤄진다고 보기 때문이다.

하지만 결혼은 아름다운 구속이 아니다. 결혼은 하고 싶은 것, 사고 싶은 것, 가고 싶은 곳 등을 즐길 자유를 제한한다. 이런 제한이 아름다운 구속일 수 없다. 수용하는 구속이거나 수용할 수 있는 구속일 뿐, 그 이상 그 이하도 아니다.

따라서 결혼은 자유를 담보로 요구한다. 높은 담보를 제공하면 가정에 충실하다는 소리를 듣고, 낮은 담보를 제공하면 가정에 소홀하다는 소리를 듣는다.

그렇다고 담보를 50 대 50으로 공평하게 분담할 수 있는 것도 아니다. 각자의 상황과 현실, 바라보는 시각이 같을 수 없기 때문이다.

미국 전 대통령 버락 오바마의 아내인 미셸 오바마(Michelle Obama)는 한 방송에서 자신의 결혼 생활에 대해 언급했다. 그녀는 두 딸 출산 후 독박 육아에 시달리면서 "결혼 생활이 공평하지 않다고 느꼈고, 남편을 창문 밖으로 밀어버리고 싶을 때가 있었다."라고 밝히며, "그렇다고 결혼 생활을 포기하고 싶지는 않았다. 그렇게 해서 끝낼 일이었다면 남편과 몇 번이나 헤어졌다."라며 오랜 결혼 생활의 비결로 인내를 꼽았다.[52]

미셸이 결혼 생활이 공평하지 않다고 느꼈던 것은 가사 분담에 대한 자유의 담보 비율이 달랐기 때문이다. 결혼 생활이 50 대 50으로 공평하게 분담되지 않는다는 현실을 그녀가 참아내지 못했다면 결혼 생활은 유지되지 못했을 것이다.

결국, 결혼은 자유를 담보한 만큼 그만큼의 인내를 요구한다. 자유의 담보 비율이 높을수록 더 많은 인내가 필요하다. 하지만 인내에도 한계점이 있다. 인내도 쌓이다 보면 폭발하고 만다. 인내가 시험에 드는 것이다.

때때로 결혼은 자유를 담보로 인내를 시험한다. 이는 나도 상대방도 마찬가지이다. 이런 상황을 피하려면 서로의 자유를 생각하고, 서로의 인내를 살펴야 한다. 더 많은 자유를 갖는 것은 더 많은 인내를 요구하는 것임을 유념해야 한다.

"결혼은 자유를 대가로 요구한다. 더 많은 자유를 요구할수록 인내는 시험에 들게 되며, 그 순간 결혼 생활은 위기를 맞이한다."

결혼의 실패가 아닌 종료, 이혼

갈등 없는 인간관계는 없다. 결혼 생활도 마찬가지이다. 생활 방식의 차이, 가치관의 불일치. 경제적인 상황 변화, 자녀와의 관계 등으로 여러 가지 문제에 직면하게 되고, 이로 인해 부부 갈등이 발생한다.

부부 갈등은 빈도, 강도, 내용에 있어서 매우 다양한 양상을 띠지만, 그 대처 방식은 회피(미루거나 피함), 다툼(입장 강요), 순응(상대방에 맞춤), 타협(서로 양보), 협동(대안 도출) 등 크게 다섯 가지 유형으로 나타난다. 순응, 타협, 협력의 경우에 갈등은 수습되지만, 회피와 다툼의 경우에 갈등은 깊어진다.[53]

회피나 다툼으로 인해 갈등이 만성화되거나 확대되면 결혼생활은 위기에 빠진다. 내적 불만이 쌓여 정서적 거리가 생기고, 상대방을 이기려고 자기 입장만을 내세우며, 감정적 대응으로 서로 상처를 주고받기 때문이다. 심한 경우 분노와 원망, 적대감과 폭력성이 표출된다.

만약 이런 상황이 찾아온 경우, 부부 갈등을 해결할 수 없다면 차라리 이혼하는 것이 낫다. 이혼도 갈등 해결의 방법이 될 수 있다.

미국 사회심리학자 콘스턴스 아론스(Constance Ahrons)는 "이혼은 가정을 파괴하는 것이 아니라 재배치하는 것이다."라며

"이혼은 바람직하지 않은 결혼 생활보다 더 나은 선택일 수 있다."라고 피력했다. 비록 많은 보수단체가 이혼을 조장한다고 그녀를 비난했지만, 그녀에게 이혼은 불행한 결혼 생활을 끝내는 새로운 시작점이었다.[54]

아론스의 말처럼 이혼은 파괴가 아닌 재배치이다. 끝이 아닌 시작이다. 경제적 자립이 어려워서, 자녀가 상처받을까 두려워서, 이혼에 대한 선입견 때문에, 그동안의 노력이 아까워서 등의 이유로 불행한 결혼 생활을 감수한다면 나를 위한 삶은 찾아오지 않는다.

더욱이 결혼은 종신 계약이 아니다. 특별한 의사 표현을 하지 않은 한 자동으로 연장될 뿐 언제든지 그 관계를 정리할 수 있다. 계약 기간을 알 수 없을 뿐 이혼을 앞둔 유기 계약이다.

따라서 '이혼할 수 없어!', '이혼만은 안 돼!'라는 생각에 유효 기간이 끝난 결혼 생활을 붙잡고 있지 말아야 한다. 시간이 더 지나면 인생 자체를 버릴 수도 있다.

이혼은 결혼의 종료일 뿐 결혼의 실패가 아니다. 결혼을 재계약하지 않은 것일 뿐이다. 더는 결혼 생활을 지속할 이유가 없어 내려놓은 것일 뿐이다.

결혼은 성공하지 못했지만, 이혼은 성공할 수 있다. 어떤 길이 펼쳐질지는 누구도 알 수 없다. 이혼이 더 나은 삶을 위한 선택이라면 이혼을 피할 이유도, 두려워할 이유도 없다.

"이혼은 결혼의 실패가 아닌 결혼의 종료이다. 기존 도화지를 내려놓고 새 도화지를 받는 것이다. 어떤 빛깔로 채색될지는 먼 훗날이 되어서야 알 수 있다."

결혼의 완성은 경제력이다

결혼 생활의 가장 중요한 요소는 사랑이다. 하지만 결혼은 현실이다. 최소한의 경제적 기반이 없다면 결혼 만족도는 떨어지고, 이로 인해 결혼 생활 또한 악영향을 받게 된다. 특히 직업, 소득, 재산 등의 조건을 보고 결혼한 경우에는 더욱 그렇다.

따라서 결혼도 경제학이 적용된다. 노벨 경제학상을 받은 미국 경제학자 게리 베커(Gary Becker)는 결혼과 이혼을 편익과 비용이라는 경제학적 관점에서 분석했다. 그는 "결혼은 따로 살 때와 비교해 두 사람 모두에게 효용이 증가한 경우에만 이뤄진다."라고 주장했다. 결혼에 따른 이익이 결혼에 따른 손해

보다 클 때 결혼이 이루어진다고 본 것이다.[55]

편익 〉 비용 ⇒ 결혼

예를 들면, 청소와 빨래를 나누면 집안일을 빨리 끝낼 수 있고, 식사를 함께 하면 식비를 줄일 수 있으며, 집세를 합치면 더 넓은 집에서 살 수 있다. 즉 결혼을 통해 비용을 줄이면서 편익을 올릴 수 있다.

물론 경제학적 관점에서만 결혼을 바라볼 수는 없다. 결혼은 돈으로 환산하기 어려운 무형의 편익(안정감, 만족감)과 비용(갈등, 스트레스) 또한 가져온다.

하지만 분명한 점은 경제적인 편익과 비용을 비교한 결과, 편익이 감소하고 비용이 증가한다면 이혼의 위험성은 그만큼 높아지게 된다.

통계청 조사에 의하면 이혼 사유 중 1위가 성격 차이, 2위가 경제적 문제로 나타났다.[56] 하지만 이혼 전문 변호사들에 따르면 경제적 문제가 성격 차이보다 더 많은 비중을 차지한다고 한다. 이혼 사유를 성격 차이로 답한 사람 중 상당수가 실제로는 경제적 문제 때문에 이혼하기 때문이다.

경제력은 결혼 생활을 지켜주는 큰 버팀목이다. 내 집 마련, 자녀 교육, 노후 준비 등 결혼 생활 전반에 걸쳐 작동하는 메커니즘이다. 능력 있는 남편, 능력 있는 아내를 선호하는 것도 이 때문이다.

따라서 사랑하기 때문에 결혼해서는 안 된다. 결혼할 수 있을 때 결혼해야 한다. 결혼 후의 삶은 언제나 현실이기 때문이다.

사랑 없는 결혼으로 먼 길을 나설 수 없고, 경제력 없는 결혼으로 먼 길을 걸을 수 없다. 먼 길을 나서기 위해서는 사랑이, 먼 길을 걷기 위해서는 경제력이 필요하다는 사실을 새겨야 한다.

"경제력은 사랑과 더불어 결혼을 지탱하는 양 축이다. 결혼의 계기가 사랑이라면 결혼의 완성은 경제력이기 때문이다."

(Chapter 11.)

성공

대다수 사람이 성공한 사람들을 동경한다. 그들처럼 되기 위해 달려간다. 하지만 성공 타이틀은 소수에게만 부여된다. 성공이란 치열한 경쟁을 통해 소수만이 획득할 수 있는 전유물이기 때문이다.

이로 인해 많은 사람이 일상적 가치에 눈을 돌린다. "진정한 성공이란 일상 속에서 놓치고 있던 소중한 가치를 발견하고 그것을 지켜가는 것이다."라고 말한다.

하지만 일상적 가치에 눈을 돌리기 전에 "나는 과연 성공을 얼마나 깊이 이해하고 달려가고 있나?"라는 질문을 자신에게 던져보자. Yes라고 단언할 수 있을까.

성공 그 이면에는 환영할 수 없는 본질이 숨어 있다. 그 본질을 이해한 사람만이 자신만의 길을 찾을 수 있고, 그 길을 나선 사람만이 성공에 다다를 수 있다.

결핍, 제약이 아닌 원동력

우리는 다른 사람들과 비교해서 어떤 것이 모자라거나 없을 때 결핍을 느낀다. 그리고 이 결핍을 메우고자 하는 내적 욕망을 갖는다. 우리가 성공을 욕망하는 이유 또한 결핍에서 벗어나기 위해서이다.

따라서 성공은 결핍과 관련되어 있다. 성공한 사람들 대부분도 결핍을 성공 원인으로 꼽았다. 돈에 대한 결핍이 부를, 지위에 대한 결핍이 권력을, 명성에 대한 결핍이 명예를 욕망토록 했고, 이 욕망을 달성하기 위해 기울인 노력이 성공으로 이어졌다.

큰 부를 거머쥔 사업가, 높은 자리에 오른 정치인, 대중들의 사랑을 받는 인플루언서 등 많은 사람이 결핍을 에너지로 삼아 그 자리까지 오른 것이다.

어류는 부레가 있다. 부레는 어류의 몸속에 있는 공기주머니로 물속에서 뜨고 가라앉는 것을 조절하고, 이동할 때 몸의 균형을 잡아준다. 하지만 상어는 부레가 없다. 이 때문에 상어는 가라앉지 않기 위해 끊임없이 헤엄을 쳐야 했다. 하지만 덕분에 강한 힘을 내는 지느러미를 갖게 되었고, 유연성이 높은 가벼운 연골로 진화했으며, 사자의 6배에 달하는 치악력을 통해 바다 강자로 군림할 수 있었다.

이처럼 결핍은 양면성을 가지고 있다. 어떻게 인식하고 어떤 행동을 하느냐에 따라 그 결과가 달라진다.

성공한 사람들과 실패한 사람들, 그들 중 많은 사람이 그 원인을 결핍으로 돌린다. 하지만 그 의미는 전혀 다르다. 성공한 사람은 결핍을 인정하고 결핍을 원동력으로 삼았고, 실패한 사람은 결핍을 탓하고 결핍을 제약으로 삼았다.

결핍 없는 삶은 없다. 많든 적든, 크든 작든 정도의 차이만 있을 뿐 누구나 결핍을 안고 태어났고, 결핍과 함께 살아간다. 다른 사람보다 더 결핍 속에 태어났다고, 더 결핍을 겪으며 자라왔다고, 지금 결핍 속에 빠져 있다고 낙담하거나 좌절하지 말자.

결핍이 나쁜 것만은 아니다. 결핍이 간절함을 부르고, 그 간절함이 노력을 부르며, 그 노력이 성공을 불러올 수 있다. 결핍을 간절함으로, 간절함을 노력으로 채워보자. 성공이 한층 가까워질 것이다.

“성공한 사람은 결핍을 엔진으로 보고, 실패한 사람은 결핍을 브레이크로 본다.”

내 가격표, 내가 만든다

‘운칠기삼(運七技三)’이란 말이 있다. “세상의 모든 일은 운이 7할, 노력이 3할이다.”라는 뜻으로 모든 일의 성패는 운에 달린 것이지 노력에 달린 것이 아니라는 의미로 주로 사용된다. 별다른 노력 없이 일이 이뤄지기도 하고, 아무리 노력해도 일이 이뤄지지 않는 것만 봐도 운이 성공에 중요한 열쇠임에는 분명하다.

하지만 운은 무작위 추첨과 같다. 선택할 수도 통제할 수도 없다. 내 의사와 상관없이 정해질 뿐이다.

다만 다행인 점은 기삼(技三)이 있어야 운칠(運七)도 작동한다는 점이다. 즉, 준비가 되어 있지 않으면 운이 찾아와도 그냥 지나간다. 운도 노력을 만나야 빛을 본다.

세계적인 경영사상가 말콤 글래드웰(Malcolm Gladwell)의 저서 《아웃라이어(Outlier)》를 보면 ‘아웃라이어’라는 말이 나온다.

이는 보통 사람의 범주를 넘어서 성공을 거둔 사람, 성공의 기회를 발견해 그것을 자신의 것으로 만든 사람을 뜻한다. 글래드웰은 빌 조이(Bill Joy), 비틀스(The Beatles), 빌 게이츠(Bill Gates) 등 세상에 발자취를 남긴 천재를 아웃라이어로 지칭하며, 이들이 성공할 수 있었던 것은 적시에 적절한 장소에서 특정 기회에 접근할 수 있었기 때문이라고 강조했다. 논리적으로는 설명할 수 없는 타이밍의 운, 즉 시대적 운이 성공을 좌우한다고 본 것이다.[57]

하지만 그런 글래드웰 또한 노력을 경시하지 않았다. 성공의 이면에는 운뿐만 아니라 큰 노력이 필요함을 강조했다. 어떤 분야의 전문가가 되기 위해서는 최소 1만 시간 정도의 노력이 필요하다는 '1만 시간의 법칙'을 강조한 것도 성공을 운과 노력의 결합이라고 여겼기 때문이다.[58]

성공한 사람들은 운이 좋았다고 말한다. 하지만 그 운을 필연으로 만든 것은 그들의 노력이다.

오늘 땀을 흘리지 않으면 운이 찾아와도 잡을 수 없다. 운을 잡더라도 땀에 따라 다른 성적표를 받게 된다. 똑같은 운이라도 노력의 정도에 따라 성공의 크기가 달라지기 때문이다.

성공에도 각기 다른 가격표가 붙어 있다. 그 가격을 매기는 것은 내 노력이다. 노력을 기울일수록 가격은 높아지고, 노력에 소홀할수록 가격은 낮아질 것이다. 가격을 높이려면 지금부터 달려가야 한다. 그렇지 않으면 내 가격표는 명품 매장이 아닌 일반 매장에서 발견될 것이다.

"노력 없이 맞이한 운은 그냥 지나간다. 운을 성공으로 만드는 것은 노력이기 때문이다."

아무도 과정을 기억하지 않는다

성공은 과정과 결과 모두 중요하다. 과정이 바람직하더라도 결과가 만족스럽지 않다면 성공에 이를 수 없고, 결과가 만족스럽더라도 과정이 바람직하지 않다면 성공이 정당화될 수 없기 때문이다.

여기 다음과 같은 질문이 있다. "바람직한 과정을 거친 불만족스러운 결과 도출, 바람직한 과정을 거치지 않은 만족스러운 결과 도출이 있다. 어떤 걸 선택하겠는가?" 또한, 다음 질문도 있다. "수단과 방법을 가리면 성공 못 하는 상황, 수단과 방법을 가리지 않으면 성공하는 상황이 있다. 어떤 상황을 선택하겠는가?”

그 선택은 개인의 자유이다. 다만 성공은 과정을 증명하는 게임이 아니라 결과를 만들어 내는 게임이다. 과정에 치우치면 결과가 멀어질 수 있다.

많은 사람이 “성공은 결과가 아니라 과정이다.”라고 말한다. 하지만 그런 그들조차 결과로 성공을 판단한다. 과정은 잊히지만, 결과는 살아남기 때문이다. 이 때문에 로마시인 오비디우스(Ovidius)가 “원인은 숨겨지지만, 결과는 잘 알려진다.”라는 말을 남기기도 했다.

일론 머스크(Elon Musk)는 시대를 앞선 발상과 혁신적인 비전으로 찬사를 받지만, 지키지 못할 약속을 남발하며 독선적인 기업 운영을 한다. 또한, 주가를 높이기 위해 수단과 방법을 가리지 않는다. 이로 인해 미국의 전 노동부 장관은 머스크를 강도 귀족이라고 비판했다. 하지만 우리는 머스크의 지나온 과정이 아니라 지금의 결과에 주목한다.

수단과 방법을 가리지 말라는 뜻이 아니다. 과정의 프레임에 갇혀 결과를 외면하지 말라는 말이다.

세상은 과정이 아닌 결과를 기억한다. 결과에 관심을 두지 과정을 돌아보지 않는다. 법을 어기거나 법에 어긋나는 경우가 아니라면 수단과 방법에 제한을 둘 이유는 없다. 정상적 절차를 따르지 않았더라도, 도덕적 시선과 다르더라도 무조건 밀어내서는 안 된다.

성공한 사람들 대부분은 수단과 방법을 가리지 않았다. 어떤 사람이 자신의 성공에 대해 솔직하게 말할 수 있겠는가. 미화된 성공 이야기에 넘어간다면 성공은 저 너머로 달아날 것이다.

"성공은 불법과 합법을 나누는 담장 위를 걷는 것과 같다. 합법적 길은 성공을 어렵게 하고, 불법적 길은 성공을 누리지 못하게 한다. 그 중간의 길을 찾는 것이 성공의 열쇠이다."

상황이 사람보다 먼저다

사람은 누구나 이성적인 면과 감성적인 면을 동시에 갖고 있다. 이 때문에 같은 상황을 두고서도 어떤 경우는 이성적인 판단을 하고, 어떤 경우는 감성적인 판단을 한다. 객관적인 사고나 논리를 따르기도 하고, 주관적인 느낌이나 감정을 따르기도 하는 것이다.

물론 이성과 감성 중 어느 하나가 우위에 있다고 말할 수 없다. 하지만 성공을 원한다면 이성적 판단을 해야 한다.

주식투자를 하는 A와 B, 두 사람이 있다. A는 기업 매출, 사업 전망, 미래 가치, 조직 문화 등을 검토해 주식을 선택하고, B는 직감, 느낌, 권유, 소문 등을 믿고 주식을 선택한다. 즉 A는 기업 상황을 분석하고, B는 사람 마음에 의지한다. 어떤 사람이 투자에 성공할지는 분명하다.

성공도 마찬가지이다. 사람(감성)이 아닌 상황(이성)이 중요하다. 사람에 현혹되면 시야가 좁아지고 근거 없이 낙관하며 판단력이 흐려져 일을 망치게 된다.

더욱이 사람의 본성은 이기적이다. 자신의 이익을 우선 꾀한다. 한 가지 사안 앞에서 사람마다 의견이 다른 것도 자신의 이익 앞에서 벗어날 수 없기 때문이다.

'감정 지속의 법칙'이 있다. 이는 인간이 타인에 대한 자기 생각이나 감정을 쉽게 바꾸지 않는 현상을 말한다. 이 때문에 인간이 누군가에게 일단 신뢰나 호감의 감정을 형성하게 되

면 그 감정이 비교적 오래 유지된다.[59]

많은 사람이 의사 결정을 할 때 감성에 빠지는 이유도 감정 지속의 법칙 때문이다. 믿고 싶은 마음 때문이다. 제정 로마의 기틀을 마련한 정치가 율리우스 카이사르(Julius Caesar) 또한 "대부분 사람은 사실이기에 믿는 것이 아니라, 믿고 싶기에 믿는다."라는 말을 남겼다. 사람들이 범하는 오류를 꿰뚫어 본 것이다.

사람은 잘못된 정보를 심을 수 있지만, 상황은 잘못된 정보를 심지 않는다. 사람이 일러주는 내용과 상황이 전하는 소리가 같다면 다행이지만, 서로 다르다면 사람을 보지 말고 상황을 봐야 한다.

상황이 사람보다 먼저다. 다른 사람이 보이고 싶은 것을 내가 보는 것은 아닌지, 다른 사람이 듣게 하고 싶은 것을 내가 듣는 것은 아닌지 경계해야 한다.

"사람은 그 속에 거짓을 담아 시야를 가리지만 상황은 그 속에 진실을 담아 시야를 넓힌다."

like가 아닌 well

성공과 관련한 오래된 명제가 있다. “성공하기 위해서는 좋아하는 것을 해야 할까? 아니면 잘하는 것을 해야 할까?”가 그것이다. 이는 직업 선택에 있어서 가장 큰 쟁점이기도 하다.

그렇다면 좋아하는 것 vs 잘하는 것, 어떤 것을 선택해야 할까.

많은 자기 계발서가 “자신이 좋아하는 것을 하라.”고 조언한다. 그 이유로 좋아하는 것을 하면 열정을 갖고 몰입할 수 있고, 그 과정을 통해 잘할 수 있게 된다는 논리를 든다.

하지만 이는 현실과 다르다. 좋아하는 것을 한다고 잘할 수 있게 되지 않는다. 음악, 미술, 체육, 과학 등 모든 분야에서 사람마다 자질과 재능이 다르기 때문이다. 그 한계가 있기 때문이다.

따라서 성공을 바란다면 좋아하는 것이 아니라 잘하는 것을 선택해야 한다.

리더십 전문가인 존 맥스웰(John Maxwell)이 미국의 정계, 재계, 교계 등 각계에서 성공한 리더 천여 명을 대상으로 그들이 시간을 어떻게 사용했는지를 조사했다. 그 결과에 따르면 그들은 시간의 75%는 자신의 강점을 극대화하는 데 투자했고, 시간의 20%는 새로운 것을 배우는 데 투자했으며, 나머지 5%는 약점을 보완하는 데 투자했다.[60]

이처럼 성공한 사람들은 '자신이 잘하는 것'에 집중한 사람들이다. '자신이 잘할 수 있는 것'을 강화한 사람들이다.

이는 미국의 한 설문 조사에서도 잘 드러난다. 조사에 따르면 중산층의 70%가 돈을 벌려면 좋아하는 일을 해야 한다고 응답했다. 하지만 부자들은 단지 20%만이 그렇다고 응답했고, 부자들의 80%는 돈을 벌려면 잘하는 일을 해야 한다고 응답했다. 부자들 대부분도 자신의 성공은 좋아하는 일이 아니라 잘하는 일을 선택했기 때문에 가능했다고 본 것이다.[61]

좋아하는 것은 그 길에서 즐거움과 만족을 줄 수 있다. 하지만 잘하는 것만큼 성과와 보상을 가져오지 못한다.

따라서 좋아하는 것이 아니라 잘하는 것에서 승부를 거는 것이 마땅하다. 성공이란 과정의 영역이 아니라 결과의 영역이기 때문이다.

"좋아하는 일은 취미로 삼고, 잘하는 일은 직업으로 삼자. 좋아한다고 잘할 수 있는 것은 아니기 때문이다."

(Chapter 12.)

재산

돈은 삶에 매우 중요한 자원이다. 욕구 충족, 관계 형성, 자기 계발, 노후 대비 등이 모두 돈과 관련되어 있다. 이로 인해 돈이 풍족할 때는 삶이 윤택해지지만, 돈이 부족할 때는 삶이 위협받게 된다.

영국 철학자 프랜시스 베이컨(Francis Bacon)의 "돈은 최선의 종이자 최악의 주인이다."라는 말을 빌리지 않더라도 돈의 가치는 아무리 강조해도 지나치지 않다.

그렇다고 돈이 우리 인생의 가장 소중한 가치라는 말은 아니다. 다만 한 가지, 우리는 자본주의 사회에 살고 있다. 이런 사회에서는 돈은 힘이고 실력이 된다.

시간이 지날수록 알게 될 것이다. "돈만 있으면 무엇이든 할 수 있다."라는 말은 거짓이지만, "돈이 있으면 정말 많은 것을 할 수 있다."라는 말은 참이라는 것을. 그래서 돈과 함께해야 한다는 것을.

돈은 행복의 마중물이다

“돈과 행복은 별 상관이 없다.”, “돈으로 행복을 살 수 없다.” 라는 말이 널리 쓰이곤 한다. 하지만 우리는 모두 알고 있다. 돈이 없다면 행복과 멀어진다는 사실을. 살면서 겪게 되는 고민과 걱정의 70%가 돈과 관련되어 있기 때문이다.

미국 퍼듀대학교 연구진이 164개국 170만 명을 대상으로 ‘소득과 행복의 상관관계’를 조사한 바에 따르면 일정 소득에 도달할 때까지 소득과 행복이 비례하는 양상을 띠었고, 일정 소득을 넘어서게 되면 소득과 행복이 비례하지 않았다.[62]

이로 볼 때 돈의 규모와 행복의 크기가 꼭 비례하는 것은 아니다. 하지만 조사 결과에서 알 수 있듯이 일정 소득에 도달할 때까지는 돈이 삶의 만족도를 끌어올려 행복감을 높이는 것 또한 사실이다.

따라서 돈과 행복을 분리해 생각할 수 없다. 돈이 많다고 꼭 행복한 것은 아니지만 돈이 없으면 불행해지기 쉽다. 돈 없이 자신을 돌보고, 가정을 지키며, 주변을 살필 수 없는 노릇이다.

결국, "돈 없이도 행복할 수 있다."라는 말은 현실을 호도하는 말이다. 오죽하면 러시아 대문호 레프 톨스토이(Leo Tolstoy)조차 "돈 없이는 살아갈 수 없는 세상이다. 이 돈 때문에 얼마나 많은 슬픈 일이 세상에서 일어나고 있는가!"라고 탄식했을까.

"돈과 행복은 별 상관이 없다."라고 말하는 사람들은 돈이 많거나 허망한 이상주의자일 뿐이다. 그들의 말에 속아 돈의 가치에 소홀하지 말아야 한다.

돈은 행복의 마중물이다. 펌프질할 때 위에서 붓는 물인 마중물이 없으면 물을 퍼 올릴 수 없는 것처럼 돈이 없으면 행복의 문에 들어설 수 없다. 아니 지옥의 문에 들어서게 된다. 청년의 가난은 시련이 되고, 중년의 가난은 고통이 되며, 노년의 가난은 죽음이 되기 때문이다.

가난 속에서 행복을 바랄 수 없다. 돈이 없으면 행복은 들어오지 않을 것이다. 들어온 행복도 돈이 없으면 날아갈 것이다. 행복으로 가는 경로를 이탈하고 싶지 않다면 돈을 우선순위로 곁에 둬야 한다.

"돈은 행복으로 가는 오픈 티켓이다. 탑승 날짜를 지정할 필요 없이 언제든 목적지를 향해 출발할 수 있는 수단이기 때문이다."

돈은 명함이자 신분증이다

주식 용어 중 '안전마진(margin of safety)'이란 개념이 있다. 이는 기업의 내재 가치와 시장 가격의 차이를 말한다. 즉 기업의 내재 가치는 높지만 시장 가격이 낮은 경우, 그 차이만큼을 안전마진이라고 일컫는다. 따라서 안전마진을 확보하면 투자의 위험성은 줄어든다.[63]

돈은 안전마진과 같다. 돈이 있으면 학업, 직업, 결혼, 교육, 이혼, 은퇴, 노후 등 인생 전반에 걸친 많은 문제에서 보호받게 된다. 인생의 많은 굴레가 돈에서 비롯되기 때문이다.

하지만 돈이 단순히 안전의 기능만을 제공하는 것은 아니다. 그 이면에는 어두운 사회 민낯을 품고 있다. 바로 돈이 명함이자 신분증이라는 것이다.

17세기 유럽에서는 지위가 있는 사람들이 자신의 신분을 드러낼 때 명함을 사용했다. 명함은 한 개인의 사회적 위치나 계급을 알려주고, 나아가 그 사람을 판단하는 수단이었다.

지금도 그때와 전혀 다르지 않다. 우리는 여전히 명함을 보고 사람을 판단한다. 어떤 분야에 몸담고 있는지, 어떤 직함에 앉아 있는지에 따라 부자 여부를 판단하고 대접을 달리한다. 즉 "돈만 있으면 개도 멍 첨지다."라는 속담처럼 아무리 천한 사람도 돈만 있으면 다른 사람들이 높이 대접하여 준다. 돈이 인격의 한 부분이 된 것이다.

이처럼 우리는 돈이 인격을 이루는 자본주의 사회에 발을 딛고 있다. 사람의 가치보다 돈의 가치를 중시하는 시대에 살고 있다. 이런 세상에서 "사람 나고 돈 났지 돈 나고 사람 났나."라고 외쳐봤자 아무 소용이 없다.

더욱이 중세 시대의 계급과 같은 신분제는 사라졌지만, 또 다른 의미의 신분제인 계층(빈곤층, 서민층, 중산층, 상류층, 특권층)이 존재한다. 이 계층을 가르는 기준 또한 돈이다.

자신을 한번 돌아보자. 사는 집, 입고 있는 옷, 타고 다니는 자동차로 누군가에게 호의를 품은 적이 있을 것이다. 누군가를 평가한 적이 있을 것이다. 돈이 우리 마음을 움직인 것이다. 돈이 그 사람의 가치를 매긴 것이다.

돈은 원래 이렇다. 이게 진실이다. 마음이 불편하더라도 이 진실은 절대 바뀌지 않을 것이다. 돈은 원래 그런 습성을 가진 놈이기 때문이다.

"돈은 또 다른 신분이다. 그것을 가진 사람이 누구든 그에게 인격을 부여하고 날개를 달아준다."

부는 공정한 방향으로 흐르지 않는다

성경에 보면 "부자가 천국에 가는 것은 낙타가 바늘구멍을 통과하기보다 어렵다."라는 구절이 나온다. 부자가 되는 것이 정당한 방식을 통해서는 이뤄지기 어렵다고 여겼기 때문이다. 재산을 많이 소유할수록 그만큼 잘못을 저질렀을 것이라고 바라봤기 때문이다.

많은 사람이 이 시각에 동의하지 않을 수 있다. 땀으로 부를 이룬 사람, 실력으로 부자가 된 사람 등 세상에는 정직한 부자들이 존재한다고 항변할 수 있다. 하지만 그 숫자는 소수이다.

부자는 많지만 존경받는 부자가 드문 것도 바로 이 때문이다.

예나 지금이나 변함없는 사실이 있다. 떳떳한 과정을 통해 부자가 된 사람은 별로 없다는 점이다. 큰 부를 쌓은 사람 중 그 가치만큼 그대로 평가받을 수 있는 사람이 과연 몇 명이나 될까.

빌 게이츠(Bill Gates)는 마이크로소프트 재직 시절 무자비한 독과점 행위로 실리콘 밸리의 많은 소프트웨어 회사들을 파괴해 실리콘 밸리의 악마로 불렸고, 존 록펠러(John Rockefeller)는 노조 탄압, 주가 조작, 문어발식 사업 확장 등 각종 악행으로 잔혹한 독점 자본가라는 수식어가 따라다녔다. 두 사람 모두 부정적인 이미지에서 벗어나기 위해 자선단체를 설립했지만, 그들이 쌓은 재산 이면에는 어두운 그늘이 도사리고 있었다.

부는 공정한 방향으로 흐르지 않는다. 도덕과 양심을 버리지 않고 부자가 되었다는 사람들의 말은 사실이 아니다. 어떤 부자가 자신의 재산 축적 과정에 대해 꾸밈없이 말할 수 있겠는가.

니콜로 마키아벨리(Niccolo Machiavelli)는 그의 저서 《군주론》에서 "권력을 유지하고자 하는 군주라면 필요할 경우 부도덕하게 행동할 준비가 되어 있어야 한다."라고 강조했다. 권력은 이상이 아닌 현실의 문제라서 권력이 마냥 도덕적인 행태를

떨 수만은 없다고 본 것이다.[64]

돈 또한 마찬가지이다. 돈을 벌고 싶다면, 부자가 되고 싶다면 도덕과 양심에서 벗어나야 한다. 적법만 하다면 그래야 한다. 부자들은 이를 행한 사람들이다. 그렇게 나아간 사람들이다.

그런데도 도덕과 양심을 따르고 싶다면 그렇게 하면 된다. 단 돈은 흘러들어오지 않을 것이다.

로마시인 퀸투스 호라티우스(Quintus Horatius)는 말했다. "공정한 수단으로 벌 수 있다면, 돈을 벌어라. 공정한 수단으로 벌 수 없다면, 그래도 어떻게든 벌어라."라고. 이것이 돈을 대하는 마땅한 자세이다.

"도덕과 양심, 그 길에 돈은 흐르지 않는다. 그렇지 않다면 많은 사람이 도덕과 양심을 버리지 않았을 것이다."

그 첫걸음, 자기 암시와 열망

부자가 되는 첫걸음은 마음가짐에서 시작된다. 될 수 있다는 믿음, 할 수 있다는 자신감, 해내겠다는 의지가 필요하다. 이런 마음가짐이 부를 향한 여정에서 겪을 어려움을 극복하도록 도와준다.

마음가짐을 다지는 방법으로 '자기 암시'가 있다. 자기 암시는 자신이 바라는 바를 지속해서 되뇌는 것을 말하며, '난 잘 될 거야.', '난 할 수 있어.', '난 해내고 말 거야.'라는 자기 암시를 반복하면 마음의 힘을 얻어 목표를 향해 달릴 수 있다.

자기 암시 효과는 미국 사회학자 로버트 머튼(Robert Merton)이 그의 저서 《사회이론과 사회 구조》에서 제시한 '자기 충족적 예언(self-fulfillment prophecy)'에서 잘 드러난다. 이는 자신이 가진 믿음과 기대가 실제로 이루어지는 현상을 말하는데, 인간은 미래에 대한 예측과 기대에 부합하기 위해 행동하고, 이로 인해 실제로 기대한 바가 현실화하기도 한다.[65]

코미디 영화의 제왕으로 불리는 미국 영화배우 짐 캐리(Jim Carrey)는 무명시절에 '나는 정말로 훌륭한 배우이다.', '많은 사람이 내게 출연 요청을 하고 있다.'라는 자기 암시를 통해 의지를 불태우며 어려운 현실을 이겨냈다. 그리고 결국, 스타 배우로 자리매김할 수 있었다.

자기 암시 후에는 '열망'으로 마음을 채우도록 하자. 한 조사 결과에 따르면 부자 네 명 중 세 명이 어려서부터 부자가 되고 싶은 강한 열망을 가진 사람이었다. 강한 열망이 동기를 부여하고 도전을 이끌었다고 한다.

'PSD'라는 가상의 학위가 있다. 이는 'Poor, Smart and Deep desire to become rich'의 약자로 가난하지만 똑똑하고 부자가 되고 싶은 열망이 강한 사람을 뜻한다. 미국 투자은행 베어스턴스의 앨런 그린버그(Alan Greenberg) 회장이 인재 선발 기준으로 제시했던 말로, 그는 MBA보다 PSD를 선호했다. 강한 열망이 목표를 설정하고 계획하며 성취하게 만든다고 여겼기 때문이다.

열망은 성과의 출발점이다. 부자가 되겠다고 말하는 사람들은 많지만, 부자가 적은 것은 열망을 가진 사람이 적기 때문이다. 나 자신도 그 가운데 한 명일 수 있다.

'난 열망을 품고 있을까?', '내 열망은 얼마나 강할까?' 자신을 한번 돌아보자. 열망을 가져야 행동에 나서고, 열망이 강해야 포기하지 않고 싸움을 이어갈 수 있음을 잊지 말자.

"나에게 주문을 걸어보자. 그리고 열망해 보자. 말이 씨가 되고,

상상이 현실이 될 수 있다.”

부자는 생산 방식의 소유자이다

열심히 일하고, 알뜰히 아끼며, 꼬박꼬박 저축한다고 부자가 될 수 없다. 우리는 모두 이를 알고 있다. 그렇다면 부자는 어떤 사람들일까. 아니 어떻게 부를 이룬 것일까.

유럽의 워런 버핏, 주식의 신으로 불리며 주식투자를 예술의 경지에 올려놓은 투자가라는 평가를 받는 앙드레 코스톨라니(Andre Kostolany)는 노력으로 부자가 되는 세 가지 방법이 있다고 밝혔다. 부자인 배우자를 만나는 것, 유망한 아이템으로 사업하는 것, 투자하는 것 등이다.[66]

이를 다른 말로 표현하면 부자인 배우자를 만나는 것은 돈을 만나는 것을, 유명한 아이템으로 사업하는 것은 돈을 창출하는 것을, 투자하는 것은 돈을 굴리는 것을 의미한다.

부자는 바로 이런 사람들이다. 돈을 만났거나, 돈을 창출했거나, 돈을 굴린 사람들이다. 복권이나 상속으로 부자가 된 경우가 아니라면 이 세 가지 생산 방식 중 하나를 거머쥔 사람들이다.

세계적인 베스트셀러 《부자 아빠, 가난한 아빠(Rich Dad Poor Dad)》로 유명한 일본 경제학자 로버트 기요사키(Robert Kiyosaki)는 직업군을 봉급생활자, 자영업자 또는 전문직 종사자, 사업가, 투자가 등 4종류로 분류했다. 그리고 봉급생활자는 시스템을 위해 일하고, 자영업자 또는 전문직 종사자는 그 자체가 시스템이며, 사업가는 시스템을 소유하거나 통제하고 있고, 투자가는 시스템에 투자한다고 보았다.[67]

기요사키의 분류에서도 부자가 될 수 있는 직업군은 명확하다. 사업가와 투자가이다. 사업가는 시스템을 소유하거나 통제하고 있어 돈을 창출할 수 있고, 투자가는 시스템에 투자해 돈을 굴릴 수 있기 때문이다.

부자가 되고 싶다면 생산 방식을 소유하자. 돈을 만나거나, 돈을 창출하거나, 돈을 굴리도록 하자. 그 길을 찾도록 하자. 그 길만이 물려받을 재산 없이 태어난 사람이 유일하게 부자가 되는 길이다.

"황금알을 얻는 세 가지 방법이 있다. 황금알을 가진 사람을 만나거나, 황금알을 낳는 거위를 키우거나, 황금알을 낳는 거위에 투

자하는 것이다.”

뛰는 꿀벌 위에 나는 말벌

우리는 물건을 살 때 값을 치르고, 사장은 그 돈을 모아 건물주에게 임대료로 내며, 건물주는 매달 정해진 임대료를 챙긴다. 별다른 노동을 기울이지 않은 건물주의 주머니로 돈이 꼬박꼬박 들어가는 것이다.

이처럼 재주는 곰이 넘고 돈은 왕 서방이 받는 일은 자본주의 사회에서 빈번히 발생한다. 열심히 일한 사람 따로 있고, 그 일에 대한 보상은 다른 사람이 받고 있다.

이는 꿀벌과 말벌의 관계와 같다. 꿀벌이 일해서 모은 꿀을 말벌이 빼앗는 것과 다르지 않다.

우리는 이런 사회에 살고 있다. 꿀벌처럼 일만 해서는 부자가 될 수 없는 사회에 살고 있다. 부자가 되기 위해서는 말벌이 되기도 해야 한다.

'착한 사람 콤플렉스'가 있다. 이는 타인으로부터 착한 사람이라는 소리를 듣기 위해 내면의 욕구나 소망을 억압하는 말과 행동을 반복하는 심리를 말한다. 부자들은 이 콤플렉스에 사로잡혀 있지 않아 이익 앞에 주저함이 없다.[68]

세계적인 햄버거 기업명인 맥도날드는 사람 이름에서 따왔다. 하지만 창업자 레이 크록(Ray Kroc)의 이름에는 맥도날드라는 말이 없다. 맥도날드가 레이 크록이 아니라 맥도날드 형제가 창업한 식당 '맥도날드 바비큐'에서 비롯됐기 때문이다.

어느 날 맥도날드 형제가 운영하는 식당에 방문한 레이 크록은 맛과 품질, 운영 방식 등에 깊은 인상을 받았다. 이에 그는 맥도날드 형제에게 미국 전역에 걸쳐 매장을 개장하는 프랜차이즈 사업을 제안했고 사업권을 얻어냈다. 이후 크록은 상표권, 황금 아치 로고, 조리법 등 맥도날드 형제의 모든 권리를 헐값에 인수했다. 맥도날드를 삼킨 것이다.

레이 크록이 주인이 될 수 있었던 이유는 무엇일까. 사업 안목일 수도, 사업 수완일 수도 있다. 하지만 결국은 말벌이 되었기 때문이다. 맥도날드를 헐값에 가로챈 탐욕의 경영자라는 비난을 벗어날 수 없지만, 그 선택이 그를 부자로 만들었다.

부자는 일만 하는 꿀벌이 아니다. 일만 해서 부자가 된 사람은 별로 없다. 그들이 부자가 될 수 있었던 것은 이익을 놓고 다툴 때 말벌이 되는 것을 망설이지 않았기 때문이다.

부자는 자기 돈 남의 돈을 가리지 않는다. 자기 주머니에 자기 돈도 넣지만, 자기 주머니에 남의 돈도 넣는 사람이다. 이것이 부자의 계산법이다.

"부자는 남이 차린 밥상에 숟가락 얹는 것을 주저하지 않는다. 그것이 돈을 버는 가장 쉬운 방법임을 알기 때문이다."

(Chapter 13.)

권력

인간은 타인과 관계를 맺으며 집단을 형성한다. 그리고 집단의 질서 유지를 위해 서열을 만든다. 이 서열의 우위가 결국 권력을 탄생시킨다. 서열이 자신의 의사를 관철하거나 상대방을 통제하는 힘, 즉 권력을 불러오기 때문이다.

서열은 세상 어느 조직에나 존재한다. 이 때문에 권력은 정치에 국한된 영역이 아니다. 정치를 넘어 경제, 종교, 문화, 예술, 스포츠 등 사회 모든 분야에 걸쳐 존재한다.

따라서 권력에서 자유로운 사람은 아무도 없다. 지배하는 쪽이든 복종하는 쪽이든 한쪽 자리에 서야 한다. 많은 사람이 권력을 추구하는 이유도, 가능한 한 그 중심에 들어가려는 이유도 이 때문이다.

하지만 권력은 누구나 가질 수 있지만 아무나 가질 수 없다. 권력의 속성을 이해한 사람만이 초대받을 수 있다. 권력의 속성을 모르면 다른 사람 위에 설 수 없고, 위에 섰다 하더라도 오래 유지할 수 없기 때문이다.

권력 의지는 성취 날개가 된다

권력은 정치권력, 경제권력, 종교권력, 언론권력 등 사회 각계에 걸쳐 다양한 형태로 존재한다. 또한, 학교, 직장, 모임 등 개인 생활 전반에 걸쳐 끊임없이 작동한다. 따라서 인간은 죽을 때까지 권력 속에서 살 수밖에 없고, 그로 인해 권력을 소유하기 위해 행동에 나서려는 마음, 즉 권력 의지를 갖게 된다.

권력 의지 = 권력 욕구 + 행동 욕구

하지만 권력 의지를 갖는 이유는 사람마다 다르다. 어떤 사람은 개인적 이익을 창출하기 위해서, 어떤 사람은 공공의 이익을 실현하기 위해서 권력 의지를 다진다.

물론 대부분에 있어 권력 의지는 개인적 이익 창출이라는 욕구에서 생겨난다. 이 때문에 권력 의지를 부정적인 시각으로 바라보며 비판하는 사람들이 많은 것 또한 사실이다.

하지만 권력 의지는 생산적이고 건설적이다. 보다 자발적으로 더 적극적으로 행동에 나서게 하는 힘이 있다.

미국 제36대 대통령 린든 존슨(Lyndon Johnson)은 권력 의지가 남달랐다. 대학 시절에는 청소 아르바이트를 지원해 총장실을 청소하며 총장과 가까워져 총장을 만나려는 사람들에게 중요한 인물이 되었고, 사교 행사에서는 젊은 여성들에게 관심 두기보다는 정치인 부인들에게 정보를 얻어내려 노력했으며, 워싱턴 보좌관 시절에는 정보 획득을 위해 하루에 여러 차례 목욕탕에 다니기도 했다.

이처럼 권력 의지는 행동력을 높이며, 강한 추진력을 발휘한다. 목표를 설정하고, 계획을 세우며, 이를 실천하도록 만든다. 권력 의지가 강할수록 이 경향은 더 뚜렷해진다.

하지만 주의할 점이 있다. 권력 의지는 욕망의 형태가 아니라 열정의 형태로 구현돼야 한다. 열정은 '온 마음을 다해 최선을 다하자.'라는 마음을 불러오지만, 욕망은 '무슨 수를 써서라도 쟁취하자.'라는 인식을 심어줘 자신뿐만 아니라 사회까지 망칠 수 있다.

많은 사람이 권력 의지를 욕망으로 인식한다. 욕심에 사로잡힌 야욕으로 치부한다. 권력을 얻기 위해 수단과 방법을 가리지 않는 사람이 많기 때문이다.

하지만 욕망인 권력 의지는 악이지만, 열정인 권력 의지는 선이다. 존슨 대통령의 일화를 생각해 보자. 그의 권력 의지는 욕망일까, 아니면 열정일까. 열정일 것이다.

권력 의지는 나를 움직이게 하는 힘이다. 내 발전의 촉진제이다. 권력 의지를 품도록 하자. 권력 의지를 강화하도록 하자. 그 의지가 나를 더 멀리, 더 높은 곳으로 인도해 줄 것이다.

"권력 의지는 두 가지 방향으로 흐른다. 욕망과 열정이다. 욕망으로 흐른 권력 의지는 자신을 삼키고, 열정으로 흐른 권력 의지는 자신을 키운다."

선한 권력의 문제, 착한 기득권의 부재

우리는 기울어진 운동장에서 살고 있다. 정치, 경제, 종교, 문화 등 사회 전반에 걸쳐 기득권이 존재한다. 특정 계층이나 집단이 사회적 지위와 경제적 자원을 장악하고 있다.

이로 인해 기득권 계층과 비기득권 계층 간, 기득권 집단과 비기득권 집단 간의 불평등 문제가 사회적 문제가 되고 있다.

하지만 기득권 계층과 집단, 즉 기득권 세력은 자신의 기득권을 순순히 내놓지 않는다. 작은 양보조차 거부한다. 사회 전체의 발전과 성장은 그들의 관심 사항이 아니기 때문이다.

영국에서 제정됐던 '붉은 깃발법(red flag law)'이 있다. 약 30년간 시행된 이 법은 자동차 속도를 시내 3.2km, 시외 6.4km로 제한했다. 자동차 등장으로 기득권에 타격을 입은 마차 관련업 종사자들이 의회 로비를 통해 탄생시킨 법이었다.[69] 이로 인해 영국은 자동차 산업의 주도권을 프랑스, 독일, 미국에 내주는 결과를 낳고 말았다.

이 사례처럼 기득권 세력의 변화를 기대하는 것은 어리석은 일이다. 그들은 오히려 기득권 유지를 위해 법을 악용하는 행위까지 서슴지 않는다.

기득권 세력의 저항은 우리 사회 곳곳에서 벌어지고 있다. 법률서비스 플랫폼은 변호사 단체의 반발로, 비대면 진료 플랫폼은 의사 단체의 반발로, 세무회계 플랫폼은 세무사 단체의 반발로 제대로 자리 잡지 못하고 있다.

선한 권력이 중시하는 대화와 협상, 설득과 타협 등이 정의롭고 공정한 사회를 가져올 수 있다는 생각은 환상에 지나지 않는다. 오히려 권력을 우습게 여기게 해 반발과 저항만을 불러올 뿐이다. 정치 개혁, 재벌 개혁, 언론 개혁 등이 기득권 세력의 저항에 막혀 무산된 것도 이 때문이다.

선한 권력으로는 기득권 세력을 깨뜨릴 수 없다. 선한 권력으로는 작은 기득권조차 허물 수 없다. 착한 기득권 세력이 존재하지 않는 사회에서 어떻게 선한 권력으로 그들을 바꿀 수 있단 말인가.

따라서 권력은 선한 모습이 아니라 강인한 모습을 띠어야 한다. 시비가 분명한 강인한 권력이 기득권의 저항에 맞서 변화와 개혁을 강하게 추진할 수 있다.

"선한 권력은 좋은 권력이 아니다. 기득권 세력에 맞서 원하는 결과를 만들어 낼 수 없기 때문이다."

민주주의 + 자본주의 = 경제권력

정치권력은 국가 기관이 정치적 기능을 수행하기 위해 행사하는 힘으로, 물리적 강제력을 합법적으로 독점할 수 있다. 정치권력이 경제권력, 종교권력 등 다른 사회 권력 위에 설 수 있는 것도 이 강제성 때문이다.

정치권력의 강제성은 다른 사회권력과 비교되는 본질적 차이로서 정치권력은 이를 강화하기 위해 집중성, 확장성, 지속성이라는 특성을 띠게 된다.

정치권력의 특성

① 집중성

정치권력은 효율성을 높이고자 권력을 소수에게 집중하는 경향이 있다. 이로 인해 의사 결정이 극소수의 우두머리에 의해 좌우되는 권력 과두화가 초래되곤 한다.

② 확장성

정치권력은 권력을 장악하면 권력을 확장하고자 한다. 현재 이상의 권력을 창출하지 못하면 권력이 흔들린다고 본다. 권력이 끊임없이 몸집 불리기를 시도하는 것도 이 때문이다.

③ 지속성

정치권력은 한번 잡은 권력을 놓지 않으려고 한다. 이를 위해 권력의 안정화와 영구화를 도모한다. 정기적으로 선거를 치르는 것은 이를 제한하기 위해서이다.

그런데 여기서 한 가지 문제가 생겨난다. 권력을 집중하고 확장하고 지속하기 위해서는 비용이 소요된다는 점이다. 이를 해결하기 위해 정치권력이 손을 내민 대상이 바로 경제권력이다.

정치권력은 경제권력이 제공한 돈을 권력 유지를 위한 수단으로 이용했고, 경제권력은 정치권력이 가진 권력을 돈을 불리는 수단으로 삼아왔다. 정치권력이 금융 자본 또는 산업 자본과 유착한 금권 정치가 대표적 사례이다.

이는 앞으로도 같을 것이다. 다만 그 관계는 달라지고 있다. 민주주의가 토대인 사회에서 정치권력은 이제는 법을 넘어서며 경제권력을 좌지우지할 수 없다. 도리어 경제권력이 정치권력 뒤에서 돈을 이용해 정치적 영향력을 확대하고 있다.

경제권력의 힘은 미국 경제학자 로버트 라이시(Robert Reich)가 제시한 '슈퍼자본주의' 개념에서 잘 나타난다. 이는 자본주의가 경제뿐만 아니라 정치, 사회, 민주주의에 이르기까지 모든 국면을 지배한다는 개념이다. 이에 따르면 세계화, 신기술, 탈규제로 인해 거대해진 기업들은 그들만을 위한 규칙을 만들기 위해 수많은 로비를 통해서 정치와 정책에 깊숙이 개입하고 있다.[70]

게다가 경제권력은 정치권력보다 항구성을 띠고 있다. 아무리 강한 정치권력도 선거 과정을 통해 쉽게 무너져 내릴 수 있지만, 자본이 자본을 강화하는 자본주의 사회에서 경제권력은 특별한 사정이 생기지 않는 한 쉽사리 무너지지 않는다.

결국, 민주주의와 자본주의가 결합한 현대 사회에서 최고 권력은 경제권력이다. 정치권력을 추구해야 할까, 아니면 경제권력을 추구해야 할까. 그 답은 명확하다. 경제권력이 우선이다.

"정치권력이 비정규직이라면 경제권력은 정규직이다. 경제권력이 훨씬 안정적이고 지속적이기 때문이다."

주인이 되면 손님 자리는 없다

중추신경계에 존재하는 신경전달물질의 일종인 '도파민(dopamine)'이 있다. 도파민이 적절하게 분출되면 보상과 욕구를 조절할 수 있고, 성취감과 기쁨을 느낄 수 있다. 반면에 도파민이 과다하게 분출되면 윤리 의식 부족과 공감 능력 부재를 일으키며, 이기심과 자만심을 부추긴다.

권력은 도파민과 관련이 있다. 뇌·신경 심리학자인 이안 로버트슨(Ian Robertson) 교수의 연구에 따르면 사람이 권력을 가지면 그 사람의 뇌가 바뀐다. 즉 권력을 갖게 되면 도파민 분출이 촉진되는데, 권력에 중독될수록 도파민이 과다하게 분출됨으로써 사려 깊은 사람도 오만해지고 독선적으로 변하게 된다.[71]

이를 통해 한 가지 사실을 알 수 있다. "전에는 안 그랬는데 그 자리에 앉더니 사람이 변했어."라는 말은 소수의 사람에게만 적용되는 문제가 아니다.

사람은 누구든지 권력 앞에서 변할 수 있다. 필요할 때는 함께하다가 필요 없을 때는 돌아설 수 있다. 토끼 사냥이 끝나면 사냥개는 쓸모없어지는 토사구팽(兎死狗烹)은 언제나 현재 진행형이다.

중국 한나라의 건국 공신인 한신(韓信)은 유방에게 죽임을 당했고, 스탈린의 대숙청을 주도해 피의 난쟁이로 불린 니콜라이 예조프(Nikolai Yezhov)는 스탈린에게 버림받았으며, 마이크로소프트 공동 창업자인 폴 앨런(Paul Allen)은 빌 게이츠에 의해 회사를 떠나야 했다.

역사는 가르친다. 인간은 권력을 얻기 위해 유능한 사람을 곁에 두려 하지만, 권력을 얻고 나면 그를 제거해 후환을 없앤다. 아랫사람이 유능하면 위협을 느끼고, 재주는 쓰임이 다하면 부담이 되기 때문이다.

화장실 갈 때와 나올 때가 다른 법이다. 권력 앞에서는 친구도 없고, 동지도 없다. 아니 손님 자리조차 없다. 오직 권력을 향한 욕심만 있을 뿐이다.

권력 앞에 신의를 기대하지 말자. 인간은 자신을 먼저 생각하고 자신을 더 중요하게 여길 뿐 그 이상도 그 이하도 아닌 존재이다. 혹시라도 무언가를 얻어낼 생각이라면 차라리 비밀을 공유하는 것이 낫다. 그것이 버림받지 않는 유일한 방법이다.

"권력은 얻는 것보다 나누는 것이 더 어렵다. 권력을 누릴수록 지키고자 하는 욕망이 커지기 때문이다."

제도가 아닌 사람이 문제다

권력이 집중되면 명확한 권한과 책임, 신속한 의사 결정, 일관된 정책 유지 등의 장점이 있지만, 반면에 권력의 남용, 일방적인 의사 결정, 부패와 비리 유발 등의 단점이 있다. 이와 반대로 권력이 분산되면 견제와 균형, 다양한 의사 반영, 부패와 비리 방지 등의 장점이 있지만, 반면에 책임 소재 불분명, 의사 결정 지연, 정책 일관성 부재 등의 단점이 있다.

이처럼 권력 제도는 동전의 양면과 같다. 권력 집중의 장점이 권력 분산의 단점이 되고, 권력 집중의 단점이 권력 분산의 장점이 되는 것처럼 어떤 권력 제도이든 장단점을 동시에 가지고 있다. 즉 완벽한 제도는 애초에 존재할 수 없다.

따라서 제도의 성패를 가르는 것은 제도 그 자체가 아니다. 바로 사람이다. 사람이 제도를 어떻게 운용하느냐에 따라 결과가 달라진다. 선용하면 좋은 결과가 나오고, 악용하면 나쁜 결과가 나온다.

'대통령제 vs 의원내각제'를 보자. 정치인의 수준은 그대로인데 대통령제를 채택한다고, 의원내각제를 채택한다고 정치가 과연 달라질 수 있을까.

이 때문에 사르데냐 왕국의 철학자 조제프 드 메스트르(Joseph de Maistre)는 "모든 국민은 그 수준에 맞는 정부를 가진다."라고 인식했다.[72] 그에게 있어서 국민 수준을 바꾸지 않고 제도를 바꾸는 것은 소용없는 일이었다. 제도가 문제가 아니라 사람이 문제였다.

이는 '풍선효과'에서도 드러난다. 풍선효과는 풍선의 한 곳을 누르면 다른 곳이 불거져 나오는 것처럼 문제 하나가 해결되면 또 다른 문제가 생겨나는 현상을 말한다.[73] 예를 들면 특정 지역의 집값을 잡기 위해 규제를 강화하면 그 수요가 다른 지역으로 몰려 다른 지역의 집값이 상승하는 것이 이에 속한다.

결국은 사람이 문제이다. 제도가 아무리 훌륭해도 사람이 제대로 활용하지 못하면 제도가 불만족스러운 법이고, 제도가 다소 미흡해도 사람이 충분히 활용하면 제도가 만족스러운 법이다.

따라서 제도만을 탓하지 말자. 제도만을 바꾸려 하지 말자. 제도를 탓한다고, 제도를 바꾼다고 문제는 해결되지 않는다. 제도를 들여다보기 전에 사람을 들여다보는 것, 그것이 이치에 합당하다.

"사람은 가변성을 띠고, 제도는 고정성을 띤다. 어느 것이 불확실하고 불투명할까. 문제는 제도가 아니라 사람이다."

(Chapter 14.)

명예

명예는 재산과 권력과는 다른 속성을 지니고 있다. 재산과 권력은 형성 과정에서 개인의 능력이 중요한 역할을 담당하지만, 명예는 형성 과정에서 사회적 평판이 중요한 역할을 담당한다.

따라서 명예는 재산과 권력과는 다른 대우를 받는다. 재산과 권력을 가진 사람이 존경받지 못하는 경우가 많은 것에 비해, 명예를 가진 사람은 그들의 사상이나 행위가 본보기로 여겨져 존경받는 경우가 많다.

그렇다고 명예를 사회적 평판에만 의존해서는 안 된다. 자신의 사상이나 행위에 대해 스스로 당당하게 여기는 개인적 자긍심도 중요하다. 이를 통해 명예로움이 한층 강화될 수 있기 때문이다.

결국, 명예는 개인적 자긍심이라는 내적 평가와 사회적 평판이라는 외적 평가가 함께 어우러진 개념이다. 어느 하나가 아닌 둘 모두를 들여다보는 지혜가 필요하다.

명예는 불안정하고 불확실하다

명예는 구체적이고 명확한 형상으로 나타낼 수 없다. 재산처럼 금액으로 정량화할 수도 없고, 권력처럼 일정한 지위로 객관화할 수도 없다. 이런 이유로 명예는 재산보다 불안정하고 권력보다 불확실하다.

명예의 불안정성과 불확실성은 평판의 모순과 명예의 결벽성으로 더욱 심화한다.

① 평판은 세상 사람들의 평가라 고정된 것이 아니다. 따라서 평판이 좋아지면 명예가 올라가고, 평판이 나빠지면 명예가 떨어진다. 그런데 문제는 평판에는 진실과 거짓, 사실과 소문이 섞여 있다.

이런 모순으로 평판은 오르락내리락을 반복하는데, 이런 되풀이가 명예를 더욱 불안정하고 불확실하게 만든다. 이 때문에 대사상가 공자(孔子)는 사람을 판단할 때 '여론이 내린 평가'가 아니라 '누가 내린 평가인가'를 중요하게 여겼다.

② 명예는 유난히 깨끗함을 추구한다. 작은 흠과 허물조차 용납하지 않는 결벽성을 지니고 있다. 사소한 잘못으로 언제든지 송두리째 흔들릴 수 있다.

골프에 큰 공을 세운 이들을 기리기 위해 설립된 '세계 골프 명예의 전당'에 오른 한 미국 골프 선수는 지인과의 통화에서 자신이 참여한 리그를 주도한 국가의 인권 탄압을 비판하면서도 "내가 그런 것까지 신경 써야 해?"라고 말한 사실이 알려지며 수십 년 동안 쌓은 명예가 타격을 받았다. 한 번의 잘못된 말이 그의 골프 인생을 뒤흔든 것이다.

이처럼 오랫동안 명예를 쌓은 사람도 작은 잘못으로 인해 명예를 한순간에 잃을 수 있다. "명예와 거울은 입김만으로도 흐려진다."라는 스페인 속담처럼 명예가 높을수록 작은 흠도 크게 보이고 작은 실수도 큰 허물로 비치기 때문이다.

결국, 평판의 모순과 명예의 결벽성을 볼 때 명예를 가진 사람은 벼랑 끝에 선 사람이다. 벼랑 끝에 선 삶을 살아야 한다. 언제나 늘 몸가짐을 바르게 하고 행동을 조심해야 한다.

따라서 명예를 얻고자 하면 성품과 자질을 갖추고, 성품과 자질이 없다면 명예를 좇지 말아야 한다. 세상을 잠시 속이고 명예를 얻을 수 있지만, 세상을 끝까지 속이면서 명예를 유지할 수는 없는 노릇이다.

"명예는 벼랑 끝에 걸린 외줄과 같다. 작은 소문에 쉽게 흔들리고, 사소한 오류에도 크게 요동친다."

명예는 자신을 보고, 명성은 남을 본다

우리는 명예와 명성을 종종 혼동한다. 명성이 올라가면 명예가 높아진다고 여기고, 명성이 떨어지면 명예가 낮아진다고 여긴다. 하지만 엄격히 말하면 명예와 명성은 다르다.

명성은 사회적 평판만을 의미하지만, 명예는 사회적 평판과 함께 개인적 자긍심도 의미한다. 따라서 명성은 사회적 평판이 추락하면 무너지지만, 명예는 개인적 자긍심이 추락하지 않는 한 무너지지 않는다.

명예 = 명성 + 자긍심

프랑스 회사인 미쉐린이 발간하는 식당 및 여행안내 책자인

《미쉐린 가이드(Michelin Guide)》는 많은 사람이 참고한다.[74] 《미쉐린 가이드》는 별점으로 식당을 평가하고 별 세 개가 만점이다. 별 한 개만 받아도 맛있는 식당으로 인정받는 것이라 많은 식당이 별 한 개를 받더라도《미쉐린 가이드》에 실리기를 희망한다.

《미쉐린 가이드》에서 27년 연속 별 세 개를 받은 요리사가 있었다. 하지만 28년째 되던 해에 별 한 개를 받고 충격에 방황하다가 스스로 생을 마감했다. 명예를 잃었다고 생각한 것이다.

그의 목숨을 앗아간 것이 과연 명예였을까. 아니다. 명성이다. 그는《미쉐린 가이드》라는 사회적 평판을 명예로 여겼을지 모르지만, 그가 명예로 여긴 것은 실상은 명성이었다. 만일 그가 요리에 대한 개인적 자긍심을 중시했다면 그렇게 생을 마감하지 않았을 것이다.

많은 사람이 명성과 명예를 동일시한다. 명성을 높이는 것이 명예를 높이는 것이라 여기며 명성을 좇는다. 사회 저명인사나 유명 정치인이 명성이 떨어진 후 명예를 잃은 것으로 생각해 안타까운 선택을 하기까지 한다.

하지만 명성은 명예가 아니다. 다른 개념이다. 명성은 남의 시각과 함께하지만, 명예는 거기에 더해 나의 시각도 함께한다. 즉 명성이 작은 원이라면 명예는 명성을 둘러싼 큰 원이다. 따라서 명성이 사라진다고 명예가 사라지는 것은 아니다.

명성을 명예로 착각하지 말아야 한다. 우리가 좇는 명예는 대부분 명성이다. 내가 좇는 명예가 명성인지, 아니면 명예인지를 구분하자. 그래야만 명성에서 벗어난 명예를 마주하게 될 것이다.

"내가 바라는 명예는 명성일까, 아니면 명예일까. 남을 보면 명성을 좇게 될 것이고, 나도 보면 명예를 좇게 될 것이다."

명예는 자리가 아닌 가치이다

우리는 집단 내에서 다른 사람의 사고방식이나 행동에 강한 영향을 주는 사람을 '오피니언 리더(opinion leader)'라고 부른다. 그리고 그들이 되고 싶어 한다. 오피니언 리더가 되는 것, 그 자체가 명예를 갖는 것으로 생각하기 때문이다.

하지만 이는 잘못된 생각이다. 오피니언 리더, 더 나아가 글로벌 리더가 된다고 명예를 갖는 것은 아니다. 집단의 리더가 되는 것이 사회에서 인정받는 지위를 갖는 것을 의미하지만, 명예는 사회적 지위라는 겉모습에서 피어나는 것이 아니라 그 지위에서 추구해야 할 가치 실천에서 피어나야 하는 것이기 때문이다.

따라서 사회적 지위가 낮아도 가치를 실천하는 사람이면 충분히 명예로운 사람이며, 아무리 사회적 지위가 높아도 가치 실천에 소홀한 사람이면 명예와 동떨어진 사람이다.

우리는 사회적 지위에 요구되는 도덕적 의무를 얘기할 때 '노블레스 오블리주(noblesse oblige)'라는 말을 자주 사용한다.[75] 원래 '노블레스'는 닭 볏을, '오블리주'는 달걀노른자를 뜻한다.

명예의 본질은 노블레스 오블리주에 있다. 닭의 사명이 벼슬을 자랑하는 데 있지 않고 알을 낳는 데 있는 것처럼 사회적 지위에 부합하는 도덕적 의무를 수행할 수 있어야 한다.

워런 버핏(Warren Buffett)은 재산의 절반 이상을 생전 또는 사후에 기부할 것을 약속한 대부호들의 기부 클럽인 '더 기빙 프레지(The Giving Pledge)'를 설립해 기부 문화 확산에 앞장섰고,[76] 다이애나(Diana) 전 영국 왕세자비는 노숙자, 장애인, 에이즈 환자 등 대상을 가리지 않고 사회적 약자를 위한 캠페인에 적극적으로 나섰다.

버핏과 다이애나, 두 사람이 보인 모습이 명예이다. 명예는 단순히 지위를 획득한다고, 자리를 차지한다고 얻어지는 것이 아니다. 지위나 자리에 걸맞은 가치를 실천하는 명예, 그 명예가 진짜 명예이다.

"자리를 좇는 명예는 가치를 볼 수 없고, 가치를 볼 수 없는 명예는 진짜 명예를 불러올 수 없다."

명예의 다른 이름은 멍에이다

명예는 세상의 평판에 크게 좌우된다. 이로 인해 명예에 눈길을 주면 자기 생각이나 의견보다는 다른 사람의 생각이나 의견을 중시하며 살게 된다. 개인의 삶이 다른 사람에 의해 제한받게 된다.

따라서 명예가 높을수록 자신은 더 멀어지고, 다른 사람은 더 가까워진다. 특히 공인의 경우, 국민의 알 권리 충족이라는 이름 아래 사생활이 침해받기까지 한다.

결국, 명예를 얻는다는 것은 개인의 자유가 그대로 세상 속에 던져지는 일이다. 개인의 인생이 고스란히 대중의 통제에 들어가는 일이다. 이 때문에 '만물은 변화한다.'라는 사고를 했던 그리스 철학자 헤라클레이토스(Heracleitos)도 "명예는 신도 인간도 모두 노예로 만든다."라고 말했다.

'피플 플리저(people pleaser)'라는 심리학 용어가 있다. 이는 다른 사람을 만족시키기 위해 자신의 행동과 의견을 억제하는 성향이 있는 사람을 뜻하는 말이다.[77] 지나친 명예 중시는 자신을 피플 플리저로 만들어 자기 인생을 살 수 없게 만든다. 내 만족을 위해 추구했던 명예가 제약 요인이 돼 내 삶을 가로막는 것이다.

이 때문에 당대 최고의 모더니즘 작가로 평가받은 영국 버지니아 울프(Virginia Woolf) 또한 "타인의 생각과 시선은 감옥이자 수용소이다."라고 여겼다. 즉 타인의 평가에 갇히면 자유의지가 상실된다고 인식했다. 자신의 행동과 결정을 스스로 조절할 수도, 통제할 수도 없다고 본 것이다.

명예와 관련해 모두가 아는 속담이 있다. "호랑이는 죽어서 가죽을 남기고 사람은 죽어서 이름을 남긴다."라는. 하지만 바꿔 말하면 호랑이는 가죽 때문에 죽게 되고, 사람은 이름 때문에 죽게 된다. '남이 어떻게 평가할까.', '남에게 어떻게 인정받을까.'라는 생각이 행동과 사고를 제한하고, 이로 인해 인생이 흔들리기 때문이다.

명예는 멍에이다. 명예는 때로는 구속이고 때로는 억압이다. 타인의 시선을 의식해야 하는 불편함, 타인의 관심을 잃을까 하는 두려움, 타인의 기대에 부응해야 한다는 압박감과 함께 길을 나서야 한다.

결국, '명예의 삶'은 '길듦의 삶'을 의미한다. 조련사에 길들어진 동물원 속 원숭이처럼 살아야 한다. 이것이 명예의 피할 수 없는 숙명이다. 이를 알고 그 길에 들어서도록 하자.

"명예를 추구하는 것은 다른 사람의 눈에 비친 내 모습을 확인하는 일이다."

평판의 한계, 명예의 왜곡

우리는 자신이 직접 겪어보지 못한 사람을 판단할 때 평판을 참고한다. 이는 세상 사람들의 판단이 대체로 잘못되지 않았을 것이라는 믿음에 기인한다. 이 때문에 평판이 좋은 사람은 좋은 사람일 것으로, 평판이 나쁜 사람은 나쁜 사람일 것으로 여긴다.

물론 대부분에 있어 평판은 그 사람과 크게 어긋나지 않는다. 하지만 평판이 좋다고 반드시 좋은 사람은 아니고, 평판이 나쁘다고 반드시 나쁜 사람은 아니다. 평판이 꾸며지거나 과장될 수 있어 무조건 신뢰할 수만은 없기 때문이다.

헬렌 켈러(Helen Keller)는 위인전에서 시각과 청각 장애를 이겨내고 인간 승리를 거둔 사람으로 그려져 있다. 하지만 성장기 이후 그녀의 행적은 잘 다뤄지지 않았다. 여성 평등을 위해 싸운 페미니스트로서, 인종 차별에 반대한 인권 운동가로서, 노동자 투쟁을 지지했던 사회주의자로서 그녀가 수행했던 활동이 미국 정부와 언론의 적대감을 불러왔고, 그들이 그녀가 장애를 극복한 인물로만 평가받도록 여론을 조장했기 때문이다. 이로 인해 그녀가 설파했던 이념은 공산주의자라는 비판 속에 지워져 버렸고, 그녀의 행적도 같이 묻혀야 했다.

이처럼 평판은 분명한 한계가 있다. 평판이 '사람 그 자체'가 아닌 '관계 간 이해(利害)'도 반영하기 때문이다. 이로 인해 평판이 편파적으로 조성될 수 있기 때문이다.

따라서 평판에 의존한 명예는 왜곡되기 쉽다. 사람들의 입이 모여 평판이 되고, 평판이 모여 명예를 이루는데, 사람들의 입이 모두 거짓 없는 사실을 담고 있을 수 없기 때문이다.

제목만으로 책 내용을 예단할 수 없는 것처럼 평판만으로 명예를 판단해서는 안 된다. 명예를 살필 때는 평판에 집착하지 말아야 한다. 평판에도 단점이 있다는 사실을 직시하자.

"세상의 평판으로 명예를 단정할 수 없다. 평판은 검증할 수 없는 불투명성을 담고 있기 때문이다."

(Chapter 15.)

운명

운명은 존재하는 것일까, 존재하지 않는 것일까. 살면서 결정하는 선택조차 이미 정해진 것이라면 운명은 존재할 것이고, 정해지지 않은 선택을 통해 다른 길을 갈 수 있다면 운명은 존재하지 않을 것이다.

하지만 운명의 존재 여부와 관계없이 한 가지 분명한 점이 있다. 운명에 순응하는 사람은 운명 속에 의지를 가두지만, 운명을 개척하는 사람은 의지 속에 운명을 가둔다.

우리가 갈 길은 순응이 아닌 개척이다. 의지 속에 운명을 가둬야 한다. 현실에 굴복하거나 안주하지 않는 의지로 운명을 바꿔가야 한다.

아직 아무것도 결정된 것이 없다. 운명을 바라보는 마음가짐을 바로 세우면 변화는 시작될 것이다.

fate 아닌 destiny

운명을 뜻하는 영어 단어로 'fate'와 'destiny'가 있다. fate는 날 때부터 타고난 정해진 운명을 말하고, destiny는 행동으로 결과가 결정되는 인과적인 운명을 말한다. 전자가 무엇을 해도 피할 수 없는 운명을 의미한다면 후자는 개인의 선택에 따라 바꿀 수 있는 운명을 의미한다.

운명은 fate가 아닌 destiny이다. 좋은 집안, 잘생긴 외모, 뛰어난 재능을 갖고 태어나지 못해도 개인의 선택, 즉 노력을 통해 운명을 만들어 갈 수 있다. 노력이 삶의 작은 변화를 가져오고, 이 변화가 모여 큰 운을 가져다주기 때문이다.

영국 극작가이자 비평가인 조지 버나드 쇼(George Bernard Shaw)가 밤새 집필 작업을 마치고 새벽녘에 잠들었을 때 아내가 그의 방에 들어왔다. 그가 쓴 원고를 본 아내가 "당신 글은 쓰레기예요!"라고 하자 버나드 쇼는 능청스럽게 다음과 같이 대답했다. "당신 말이 맞아. 하지만 일곱 번 교정한 다음에는 완전히 달라져 있을 거야."라고.

운명도 마찬가지이다. 노력에 화답한다. “우연이란 노력하는 사람에게 운명이 놓아주는 다리이다.”라는 어느 영화 속 대사처럼 우연히 찾아온다고 믿는 행운도 노력하는 사람에게 운명이 주는 선물이다. 따라서 운명은 단기적으로는 변덕스러운 존재지만 장기적으로는 합리적인 존재이다.

운명과 노력은 과거, 현재, 미래에 걸쳐 상호 작용 한다. 현재는 과거 속 자신의 노력으로 만들어지고, 미래는 현재 속 자신의 노력으로 만들어진다. 이것이 운명의 알고리즘이다.

현재 운명 = 과거 + 이전 노력
미래 운명 = 현재 + 지금 노력

현재 운명은 fate이므로 바꿀 수 없지만, 미래 운명은 destiny이므로 바꿀 수 있다. 하지만 현재를 버린다면 미래 운명도 fate로 다가올 것이다. 이것이 지금 당장 행동에 나서야 하는 이유이다.

“운명은 원석과 같다. 좋은 원석도 갈고닦지 않으면 빛나지 않듯이 운명도 갈고닦지 않으면 빛나지 않는다.”

운명 = 이성적 선택 > 감성적 선택

무신론적 실존주의 사상을 대표하는 철학자 장 폴 사르트르(Jean Paul Sartre)의 명언 중 "인생은 B와 D 사이의 C다."라는 말이 있다. B는 Birth(탄생), D는 Death(죽음), C는 Choice(선택)로 사람은 태어날 때부터 죽을 때까지 매 순간 선택하며 살아간다는 의미이다.

사르트르의 말처럼 인생은 끊임없는 선택의 연속이다. 먹고 입고 노는 일상의 소소한 선택부터 진로, 취업, 결혼 등 중요한 선택까지 매번 선택의 갈림길에 선다. 그리고 선택에 따라 다른 결말이 펼쳐진다.

결국, 선택은 운명이 된다. 지난 선택이 모여 오늘을 만들고, 오늘의 선택이 모여 미래를 결정할 것이기 때문이다.

그렇다면 선택의 순간, 어떤 기준이 필요한 것일까. 아니 어떤 기준이 최악의 선택을 막을 수 있는 것일까.

한 철학자가 있었다.

어느 날 그가 제자에게 "내 내면에서 싸움이 일어나고 있다.

이 싸움이 너에게도 일어날 거다."라고 말하자, 제자는 "어떤 싸움이 일어나고 있는지요?"라며 물었다.

이에 철학자는 "우리 모두의 마음에서 매 순간 선택을 위한 싸움이 일어난다. 이 싸움의 상대는 나를 위한 선택과 타인을 위한 선택이다. 나를 위한 선택은 욕심, 이기심, 외면 등의 성질을 갖고 있고, 타인을 위한 선택은 나눔, 이타심, 관심 등의 성질을 갖고 있다. 어떤 선택이 살아남을까?"라는 질문을 던졌다.

이에 제자가 "사람마다 다르지 않을까요?"라고 답하자, 철학자는 "네가 먹이를 주는 선택이 살아남는 거지."라고 답했다.

운명도 이 이야기와 같다. 어떤 먹이를 주느냐에 따라 선택이 달라지고, 이 선택으로 운명이 바뀐다.

운명의 먹이는 '이성'과 '감성'이 있다. 이성은 상황(狀況)과 조건(條件)을 중시하며, 감성은 인정(人情)과 관계(關係)를 중시한다. 이로 인해 이성을 먹이로 주면 합리적이고 논리적 선택을 하고, 감성을 먹이로 주면 감정적이고 직관적 선택을 한다.

그러므로 이성과 감성이 충돌하는 경우, 즉 이성은 "해야 해."라고 외치는데 감성은 "안 해도 돼."라고 속삭이는 경우, 그리고 이성은 "안 돼."라고 외치는데 감성은 "해도 돼."라고 속삭이는 경우, 두 경우 모두 이성의 목소리에 귀를 기울여야 한다. 이성적 선택을 통해 좋은 결과가 찾아오고, 운명은 좋은 결과가 쌓여 밝아지기 때문이다.

따라서 인정에 끌려서, 사정을 봐서, 관계에 비춰서 "이번은 이렇게 하자."라는 감성적 선택에 빠져서는 안 된다. 그 순간 운명은 그만큼 어두워지게 될 것이다.

"감성은 따뜻하나 선택에 해롭고, 이성은 냉철하나 선택에 이롭다."

시간은 씨앗이고, 운명은 열매이다

운명은 선천적 요인과 후천적 요인에 의해 영향을 받는다. 집안, 외모, 재능 등은 선천적 요인이고, 학벌, 직업, 인맥 등은 후천적 요인이다. 선천적 요인은 타고나는 것이므로 스스로 선택할 수 없고, 후천적 요인은 닦아가는 것이므로 당장 선택할 수 없다.

하지만 스스로 당장 선택할 수 있는 한 가지가 있다. 바로 시간이다. 시간은 자신이 계획할 수 있고 배분할 수 있다. 더욱이 시간은 사람을 가리지 않고 누구에게나 하루 24시간 공평하게 주어진다.

그렇다고 시간의 의미까지 모두 같은 것은 아니다. 가진 사람에게 시간은 현재의 의미이지만 못 가진 사람에게 시간은 미래의 의미이다. 못 가진 사람이 하루를 헛되이 보낸다면 미래를 바꿀 시간을 날린 것이기 때문이다.

오늘보다 더 나은 내일, 현재보다 더 좋은 미래를 위해서는 시간의 가치를 소중히 여겨야 한다.

말콤 글래드웰(Malcolm Gladwell)이 강조한 '1만 시간의 법칙'을 보자. 그에 따르면 모차르트, 비틀스, 빌 게이츠 역시 1만 시간을 투자했기 때문에 성공할 수 있었다. 1만 시간은 매일 3시간을 투자할 경우 약 9.2년, 하루 10시간씩 투자할 경우 약 2.8년이 걸리는 시간이다.

물론 1만 시간을 노력한다고 모두가 모차르트, 비틀스, 빌 게이츠가 될 수는 없다. 사람마다 재능과 능력이 다르기 때문이다. 하지만 목표에 집중하고 하루하루 시간을 관리하는 사람에게 더 좋은 성과가 찾아온다. 미국 경제지 《포춘》이 선정한 '글로벌 500 기업'의 CEO를 가장 많이 배출한 하버드대학교에서 시간 관리 수업을 진행하는 것도 이 때문이다.[78]

그렇다면 시간 관리란 어떤 것일까. 시간 관리는 시간 속에 있는 자신의 생활을 구성하는 것이다. 인생의 목표에 맞게 생활을 돌보는 것이다. 즉 시간을 갉아먹는 무익한 생활을 제거하고, 그 자리에 시간을 살찌우는 유익한 생활을 채워 넣는 것이다.

우리 일상생활은 수면, 식사, 업무, 약속, 운동, 휴식, 취미, 자기 계발 등으로 채워져 있다. 하루 24시간이 부족할 정도이다. 부족한 시간을 메우는 방법은 하루하루, 1시간, 1분, 1초를 관리하는 길밖에 없다. 정치, 외교, 과학, 언론 등 여러 방면에서 활약한 미국 건국의 아버지 벤저민 프랭클린(Benjamin Franklin)은 하루 24시간을 3(독서/자기 계발)-5(식사/여가)-7(수면)-9(업무)로 나눠 실천했다.[79]

시간은 씨앗이고, 운명은 열매이다. 시간을 잘 뿌린 사람이 좋은 운명을 수확할 수 있다. 더 많은 일을 해낼 수 있다. 잃어버리는 시간이 없도록, 버려지는 시간이 없도록 시간을 관리해야 한다.

인풋(input) 없이 아웃풋(output)도 없다. 입력값이 있어야 출력값이 생기는 법이다. 입력한 시간만큼 운명이 달라질 것이다.

인풋 → 아웃풋

(입력 : 시간 투입) (출력 : 운명 산출)

쓸 수 있는 시간의 총량은 정해져 있다. 한번 지나가면 다시는 그 시간을 사용할 수 없다. 시간을 낭비하면 인풋이 그만큼 줄어들 것이다. 이로 인해 아웃풋도 그만큼 적어질 것이다. 시간이 운명을 바꿀 고부가가치 자산임을 유념하자.

"어떤 사람을 시간을 흘려보내고, 어떤 사람은 시간을 붙잡는다. 이 차이가 운명을 바꾼다."

습관이 운명을 디자인한다

우리는 일상적인 행동을 무의식적으로 하곤 한다. 아침에 일어나면 양치질을 하고, 식사 후에는 차를 마시며, 저녁이 되면 TV를 본다. 이런 행동들이 반복적 행위를 통해 습관으로 고정화됐기 때문이다.

이처럼 습관은 우리 생활 곳곳에 침투해 있다. 미국 듀크대학교 연구에 따르면 우리 행동 중 약 45%는 의사 결정의 결과가 아니라 습관에서 나온다.[80]

과학 용어 중 '나비효과'가 있다. 이는 어느 한 곳에서 일어난 작은 나비의 날갯짓이 뉴욕에 태풍을 일으킬 수 있다는 이론으로, 나비의 작은 날갯짓처럼 작은 차이, 사소한 변화가 엄청난 결과를 가져올 수 있음을 이르는 말이다.[81]

습관은 나비효과와 같다. 작고 사소한 행위가 좋은 습관으로 자리 잡고, 그 습관들이 모이면 운명에 큰 영향을 미친다.

최고의 토크쇼 '오프라 윈프리 쇼'를 진행하는 오프라 윈프리(Oprah Winfrey)는 사회적 지위와 상관없이 상대방을 포옹하는 습관이 있고, 세계적인 패션 디자이너 베라 왕(Vera Wang)은 잠들기 전 머리로 디자인을 하는 습관이 있다. 오프라 윈프리의 포옹 습관은 쇼 출연자들과의 정서적 커뮤니케이션을 가능하게 해 그녀를 토크쇼의 여왕으로 올려놓았고, 베라 왕의 디자인 습관은 창조적 생각을 가져오게 해 그녀를 웨딩드레스의 여왕으로 올려놓았다.

좋은 습관을 만드는 것은 어려운 일이 아니다. 영국 런던대학교 연구에 따르면 습관의 정착은 18일에서 254일까지 다양했지만, 평균 66일이 걸렸다.[82] 오프라 윈프리, 베라 왕처럼 운명을 디자인한 사람들의 습관을 66일 동안 실천해 보는 것도 좋은 방법이다.

운명을 디자인한 사람들의 습관

① 남들과 다른 방향으로 생각해 보기(요한 볼프강 폰 괴테)

② 감명 깊은 문구를 암기하며 자기화하기(에이브러햄 링컨)

③ 흥미 있는 주제를 가지고 토론하기(존 F. 케네디)

④ 독서 후에 책 내용을 정리하기(워런 버핏)

⑤ 해야 할 일이나 생각을 메모하기(손정의)

⑥ 매일매일 명상 수행을 생활화하기(스티브 잡스)

⑦ 자신에게 긍정 메시지를 주며 하루를 시작하기(빌 게이츠)

⑧ 매일 다른 사람과 점심 식사 하기(하워드 슐츠)

처음에는 내가 습관을 만들지만, 나중에는 습관이 나를 만든다. 그리고 이 습관이 내 운명을 디자인한다. 아직 늦지 않았다. 목표를 이루기 위한 작은 습관을 만들고 유지하다 보면 습관의 힘을 보게 될 것이다. 더 환한 운명을 맞이하게 될 것이다.

"습관의 힘은 그 자체가 아니다. 습관이 작은 변화를 불러오고, 작은 변화가 모여 운명을 밝히기 때문이다."

인맥은 운명의 페이스메이커이다

우리는 인맥을 이중적 시각으로 바라본다. 자신에게 유리할 때는 기회, 경쟁력, 상부상조 등으로 긍정 평가 하고, 자신에게 불리할 때는 백, 연줄, 낙하산 등으로 부정 평가 한다. 즉 자신이 처한 상황에 따라 다른 시각을 들이댄다.

하지만 어떤 평가를 하든 부인할 수 없는 사실이 있다. 인맥에서 벗어날 수 있는 사람은 아무도 없다. 오프라인 네트워크를 넘어 온라인 네트워크까지 등장한 시대에서 인맥은 어느 때보다도 우리를 둘러싸고 있다.

'케빈 베이컨의 6단계 법칙'이 있다. 미국 배우인 케빈 베이컨(Kevin Bacon)이 2~3단계를 거치면 같이 출연하지 않은 어떤 배우와도 연결될 수 있다는 사실에서 유래한 것으로, 지구상에 있는 모든 사람은 6단계 이내에서 서로 아는 사람으로 연결될 수 있다는 법칙이다.[83] 한 조사에 따르면 평균 3.6명을 거치면 한국인 모두가 서로 연결될 수 있다고 한다.[84]

이처럼 우리는 '친구의 친구'로 모든 사람을 연결할 수 있는 사회적 네트워크 시대에 살고 있다. 이런 시대에서 인맥은 지식과 정보를 공유할 수 있고, 이익과 가치를 증진할 수 있는 수단이 된다.

일본 아사히 맥주 회장을 지낸 히구치 고타로(Higuchi Kotaro)가 "젊었을 때는 돈을 빌려서라도 좋은 인맥을 만들어야 한다. 물은 어떤 그릇에 담기느냐에 따라 모양이 달라지지만, 사람은 어떤 친구를 사귀느냐에 따라 운명이 달라진다."라고 한 이유도 이 때문이다.

따라서 인맥을 운명의 페이스메이커(pacemaker)로 삼아야 한다. 마라톤에서 페이스메이커가 함께 달리며 다른 선수의 기록을 돕는 것처럼, 인맥이 함께하면 운명도 좋은 성적을 받을 수 있다.

한 가지 참고할 점은 인맥은 양적 교류와 질적 교류를 구분해 관리해야 한다. 즉 만남이 목적인 관계는 깊이가 중요하므로 질적 교류에 집중하고, 이익이 목적인 관계는 횟수가 중요하므로 양적 교류에 집중해야 한다.

인맥 관리 10계명

① 따뜻하게 사람을 대하자.

② 도와줄 때는 최선을 다해 도와주자.

③ 지금 어려운 사람이라고 우습게 여기지 말자.

④ 고마울 때 고맙다고 하고, 미안할 때 미안하다고 하자.

⑤ 다른 분야의 사람을 많이 사귀자.

⑥ 안부 전화를 그보다 자주 하자.

⑦ 다른 사람 험담을 하지 말자.

⑧ 불필요한 논쟁을 하지 말자.

⑨ 밥값에 인색하지 말자.

⑩ 옷을 잘 입고 다니자.

무엇을 아느냐가 아니라 누구를 아느냐가 중요한 시대이다. 혼자 달릴 생각을 하지 말고 같이 달릴 생각을 해야 한다. 누군가 옆에서 도와준다면 운명이 훨씬 밝아질 것이다.

"인맥을 긍정적으로 보고 있다면 주변에 사람이 있는 것이고, 부정적으로 보고 있다면 주변에 사람이 없는 것이다."

인용 출처 및 참고 자료

1 《화엄경》 "자리이타(自利利他)": 나도 이롭게 하고 남도 이롭게 하며 살라는 불교의 가르침.

2 Ed Diener, 《Culture and Well-Being》, Springer, 2009.

3 가까운 사람들과 함께 하는 소박한 일상을 중시하는 휘게(Hygge), 평범한 옷이나 소품들을 이용해 자연스러운 멋을 표현하는 패션 스타일인 놈코어(normcore), 잔잔한 소리를 들으며 심리적인 안정을 유도하는 ASMR 등의 유행도 노멀 크러시를 추구하는 현상임.

4 Joel Osteen, 《긍정의 힘》, 긍정의힘, 2009.

5 Miriam Akhtar, 《긍정심리학 마음교정법》, 프로제, 2020.

6 Adam Grant, 《오리지널스》, 한국경제신문, 2024, p356-360. 방어적 비관주의자들은 최악의 경우를 상정, 불안감을 느끼면서 잘못된 가능성이 있는 모든 상황을 상상함. 그리고 그들은 그런 상황을 피하고자 모든 구체적인 상황을 치밀하게 준비해서 자신이 상황을 장악하고자 함(부정적인 사고가 발휘하는 긍정적임 힘).

7 일간지 《세계일보》 기사, 〈비관론자가 더 잘사는 이유는〉, 2017. 12. 23.

8 흑묘백묘론(黑猫白猫論)은 덩샤오핑이 제창한 "부자가 될 능력이 있는 자들이 먼저 부자가 되어라. 그 후에 낙오된 자들을 도우라."라는 선부론(先富論)과 합쳐져 현재 중국을 이룩한 밑거름이 됨.

9 니체의 사상에는 "현실의 참혹함과 인간의 한계를 인정하면서 각자의 삶을 주체적으로 이끌어 나가야 한다."라는 메시지가 묻어 있음.

10 Ernest Hemingway, 《가진 자와 못 가진 자》, 소담출판사, 2014. 소설 속 시대에서 드러난 극심한 빈부 격차, 부의 독점, 도덕적 타락, 개인의 무력감 등은 지금 사회의 모습과도 많이 닮아 있음.

11 잡코리아 · 알바몬 설문 조사(2018): 응답자 중 90.3%가 "수저 계급론은 부인할 수 없는 사회 현실"이라고 응답함. 또한, 응답자 중 37.1%가 "성공의 중요 요소는 경제적 뒷받침 및 부모 재력"이라고 응답함.

12 확증 편향의 대표적 사례로 개인이 자신의 성향에 맞는 뉴스는 선택적으로 취하고, 반대되는 뉴스는 의도적으로 배제하는 경향을 들 수 있음.

13 블루칼라는 육체노동에 종사하는 노동자를, 화이트칼라는 사무직에 종사하는 노동자를, 그레이칼라는 블루칼라와 화이트칼라의 중간적 성격을 지닌 노동자를, 골드칼라는 고도의 전문직 종사자를 뜻함.

14 Adam Smith, 《국부론》, 현대지성, 2024, p47-48. 가장 큰 사용가치를 지닌 물건이 교환가치가 거의 없거나 아예 없기도 함. 물보다 쓸모있는 건 없지만, 물로 살 수 있는 건 거의 없으며 교환할 수 있는 것도 거의 없음. 반대로 다이아몬드의 사용가치는 거의 없지만 엄청난 양의 다른 물건과 교환할 수 있음.

15 유엔 지속가능발전해법네트워크(SDSN), 〈세계 행복 보고서〉, SDSN은 매년 세계 행복지수를 발표하고 있음. 부탄은 2016년 84위, 2018년 97위, 2019년 95위를 기록한 이후에 2020년부터는 명단에 나타나지 않고 있음.

16 마틴 스콜세지 감독, 〈더 울프 오브 월 스트리트(The Wolf of Wall Street)〉, 2013.

17 미국 일간지 《뉴욕타임스》 특집 기사, 2023. 07. 16.

18 Lynda Gratton, Andrew Scott, 《100세 인생》, 출판사 클, 2017, p7, 〈한국의 독자들에게(서문)〉

19 '아이비리그'는 미국 북동부에 있는 8개의 명문 사립대학으로 하버드, 예일, 펜실베이니아, 프린스턴, 컬럼비아, 브라운, 다트머스, 코넬대학을 통틀어 부르는 말임. '옥스브리지'는 영국의 옥스퍼드와 케임브리지 대학을 함께 부르는 말임. '그랑제콜'은 프랑스 고유의 엘리트 고등교육기관으로 졸업 후에는 성적순으로 관청, 기업, 교수 등의 지위가 주어짐. '구교연맹'은 중국의 대학 연맹으로 베이징대학, 칭화대학, 푸단대학, 저장대학, 난징대학, 상하이교통대학, 중국과학기술대학, 하얼빈공업대학, 시안교통대학으로 구성되어 있음.

20 Anders Ericsson, 〈재능논쟁의 사례 A〉, '심리학 평론(Psychological Review)' 100, 1993, p363-406.

21 잡코리아 · 알바몬 설문 조사(2019): 자기 계발의 이유, 응답자 중 51.2%는 "고용에 대한 불안과 퇴사 후 대비"라고 응답했으며, 42.0%는 "일을 하며 부족하거나 필요한 부분이 있어서"라고 응답함.

22 멜 깁슨 감독, 〈핵소 고지(Hacksaw Ridge)〉, 2016.

23 Harper Lee, 《앵무새 죽이기》, 열린책들, 2019. 편견과 선입견은 "사람들은 그저 보고 싶은 것만 보고 듣고 싶은 것만 듣는 법이다."라는 말에서 잘 드러남.

24 신념 고착의 흔한 예로 편견이나 선입견을 들 수 있음. 신념이 극단적인 사고방식과 결합하면 파시즘이나 전체주의와 같은 나쁜 결과를 가져오기도 함.

25 Gerhard Fink, 《후 WHO》, 예경, 2012.

26 김주환 지음, 《회복 탄력성》, 위즈덤하우스, 2023, p21-24. 회복 탄력성은 역경을 이겨내기 위해서만 필요한 것이 아님. 일상에서 겪는 수많은 스트레스, 인생 고민, 인간관계 등에서의 갈등을 이겨내기 위해서도 필요한 힘임.

27 Gail Gazelle, 《하버드 회복 탄력성》, 현대지성, 2021, p153-159. 긍정성은 부정적인 감정을 억제하거나 부인하는 것이 아니라 긍정적 감정을 추구하는 것임.

28 최인철 지음, 《프레임》, 21세기북스, 2018, p272-273. 삶의 상황들은 일방적으로 주어지지만, 그 상황에 대한 프레임은 철저하게 우리 자신들이 선택해야 할 몫임. 더 나아가 최선의 프레임을 선택하고 결정하는 것은 우리에게 주어진 인격성의 최후 보루이자 도덕적 의무임.

29 미드라쉬는 '찾다, 조사하다'라는 뜻의 히브리어 '드라쉬'에서 유래한 말로, 성경 주석서 《미드라쉬》는 성경 해석 방법 및 그 내용을 담고 있음.

30 Friedrich Nietzsche, 《우상의 황혼》, 아카넷, 2015, p14-15. 이와 관련해 니체는 《차라투스트라는 이렇게 말했다》에서 "우리를 강하게 만드는 것을 찬양하라."라고 말함.

31 전관수 지음, 《한시작가 작품사전》, 국학자료원, 2007.

32 Shad Helmstetter, 《The Power of Neuroplasticity》, Createspace, 2014.

33 Villiers de L'Isle-Adam, 《지난 파티에서 만난 사람》, 바다출판사, 2011, p115-126.

34 프랭크 다라본트 감독, 〈쇼생크 탈출(The Shawshank Redemption)〉, 1995. 영화 쇼생크 탈출은 2015년 미국 문화유산에 등재됨.

35 이시형 지음, 《세로토닌하라!》, 중앙북스, 2010, p127-145. 세로토닌 상태가 되면 흥분이나 스트레스, 근심, 걱정 등의 부정적 생각들이 사라짐. 이는 세로토닌이 뇌 전체를 살짝 기분 좋은 상태로 만들기 때문임.

36 Morgan Housel, 《불변의 법칙》, 서삼독, 2024, p243-245. 비관론자처럼 대비하고 낙관론자처럼 꿈꾸는 균형이 중요함.

37 불설패경초(佛說孛經抄): 기원정사가 건립된 유래와 패의 일화를 통하여 부처님 법에 의거해 왕도를 행할 것을 설한 경전.

38 Robert Cialdini, 《설득의 심리학》, 21세기북스, 2012, p63-65. 상호성의 원칙은 다른 사람의 승낙을 얻어내는 효과적인 도구로 이용됨.

39 Alfred Adler, 《아들러 인생 방법 심리학》, 동서문화사, 2017, p289-293. 상대의 기분에 들려고 자신의 가치관을 꺾으면서까지 맞춰주기보다는, 혹시 상대의 기분이 언짢더라도 내 생각을 제대로 표현하는 것이 결과적으로 친구와의 관계를 오래 이어갈 수 있게 만듦.

40 장기근 역저, 《명심보감》, 명문당, 2022, p249-250.

41 Dale Carnegie, 《데일 카네기 인간관계론》, 씨앗을 뿌리는 사람, 2016, p185-195. 이론적이고 지적인 승리와 다른 사람의 호의를 모두 가지기는 어려움.

42 William Shakespeare, 《로미오와 줄리엣》, 열린책들, 2020.

43 김정섭 지음, 《우리는 왜 사랑에 빠지고 마는 걸까》, 반니, 2019, p91-95. 사랑에 빠진 뇌 속에 가득 찬 각종 신경전달물질로 인해 사랑하는 사람의 장점만 보이는 현상인 핑크 렌즈 효과의 유효 기간은 심리학자마다 견해가 조금씩 다르지만 대체로 최대 3년 내외로 봄.

44 마돈나 감독, 〈위(W.E.)〉, 2011.

45 Alain Badiou, 《사랑 예찬》, 길, 2010.

46 허진호 감독, 〈봄날은 간다〉, 2001.

47 드레이크 도리머스 감독, 〈라이크 크레이지(Like Crazy)〉, 2018.

48 Naito Yoshihito, 《세상에서 가장 재미있는 88가지 심리실험》, 사람과나무사이, 2024, p128-132. 얼굴을 마주치는 빈도가 늘어나면 연애로 발전할 가능성이 늘어나고 결혼으로 맺어지는 사례도 늘어남. 보사드 교수의 조사 결과에 따르면 두 사람의 결혼 전 주소가 한 블록 이내면 17.18%, 두 블록 이내면 23.26%, 세 블록 이내면 27.46%, 네 블록 이내면 30.56%, 다섯 블록 이내면 33.58%로 결혼 확률이 올라감.

49 Murakami Haruki, 《상실의 시대》, 문학사상, 2000.

50 상심 증후군이 발생하면 심장의 좌심실이 수축되어 좌심실 위쪽이 부풀어 오르게 되는데, 그 모양이 일본에서 쓰이는 전통 문어잡이 항아리인 타코츠보를 닮아 '타코츠보 증후군'이라고도 불림. 1990년 일본에서 처음 보고되었고, 대표적인 증상으로 가슴을 쥐어짜는 듯한 통증, 호흡곤란, 메스꺼움이 있음.

51 Abraham Harold Maslow, 《매슬로 동기 이론》, 유엑스 리뷰, 2018, p47-71.

52 영국 일간지 《가디언》 보도, 2022. 12. 29.

53 Tim Ursiny, 《갈등 해결의 기술》, 씨앗을 뿌리는 사람, 2003, p32-45. 일반적으로 갈등 상황의 대처 방법으로는 피하기, 체념하기, 소극적으로 저항하기, 협박하기, 타협하기, 함께 문제 해결하기, 상대방 존중하기 등이 있음.

54 Constance Ahrons, 《The Good Divorce》, Harper Paperback, 2015.

55 Gary Becker, 〈A Theory of Marriage : Pare Ⅰ〉, Journal of Political Economy, 1973, 81(4), p813-846.

56 통계청 조사에 따르면 2023년 이혼한 부부의 이혼 사유 1위는 성격 차이, 2위는 경제적 문제, 3위는 배우자 부정으로 나타남.

57 Malcolm Gladwell, 《아웃라이어》, 김영사, 2009, p59-75. 모든 아웃라이어는 평범하지 않은 기회를 누렸고, 이는 모든 분야의 아웃라이어에서 발견되는 하나의 법칙임.

58 Malcolm Gladwell, 《아웃라이어》, 김영사, 2009, p54-59. 1만 시간의 훈련으로 뒷심을 쌓지 않으면 최고 수준의 플레이를 하는 데 필요한 기술을 익히는 것은 불가능함.

59 Robert Cialdini, 《설득의 심리학 1》, 21세기북스, 2023, p177-181. 신체적 매력이나 익숙함, 연상 작용 등 호감을 끌어내는 요소들은 거의 무의식적으로 작용해 우리에게 영향을 미침. 따라서 호감 때문에 자신에게 불리한 결정을 내리는 일을 줄이려면 상대에게 필요 이상의 호감을 느끼는 것은 아닌지 주의를 기울여야 함.

60 John Maxwell, 《리더의 조건》, 비즈니스북스, 2012.

61 Lewis Schiff, 《상식 밖의 부자들》, 청림출판, 2019, p39-44. 비즈니스 브릴리언트 설문 조사에서 중산층 열 명 중 일곱 명은 좋아하는 일을 하면 돈도 따라올 것이라고 응답함. 하지만 자수성가한 백만장자 응답자들은 열 명 중 두 명밖에 되지 않음.

62 Louis Tay, Andrew Jebb, 〈네이처 인간행동(Nature Human Behavior)〉, 온라인판 1월호, 2018.

63 Benjamin Graham, 《현명한 투자자》, 국일경제연구소, 2021, p356-366. 안전마진이 충분하면 향후 시장이 급변해서 회사 실적이 과거보다 악화되더라도 손실이 크지 않음.

64 Niccolo Machiavelli, 《군주론》, 스타북스, 2020, p132-137. 군주는 세상 사람들이 좋아하는 선행을 다 이행할 수는 없음. 신의, 자비, 인정, 신뢰 등과는 반대되는 일을 해야 하는 경우가 있는 법임.

65 Robert Merton, 《Social Theory and Social Structure》, The Free Press, 1968. 국제사회학회는 《Social Theory and Social Structure》를 20세기 가장 중요한 사회학 서적 중 세 번째로 중요한 책으로 선정함(1998).

66 Andre Kostolany, 《돈, 뜨겁게 사랑하고 차갑게 다루어라》, 미래의창, 2024, p32-33.

67 Robert Kiyosaki, 《부자 아빠 가난한 아빠 2》, 민음인, 2023, p41-89. 현금흐름 사분면은 수입이 창출되는 방식에 따라 사람들을 봉급생활자인 E, 자영업자 또는 전문직 종사자인 S, 사업가인 B, 투자가인 I로 분류함. E는 직장에 다니고, S는 일자리를 소유하고 있으며, B는 시스템을 소유하면서 자신을 위해 일하는 사람들이 있고, I는 돈이 자신을 위해 일하고 있음.

68 Jens Weidner, 《나는 단호하게 살기로 했다》, 다산북스, 2019, p39-43. 남을 생각하지 않고 본인만 앞서 나가라는 이기적인 출세욕을 장려하는 것은 아님. 다만 단호한 태도를 기반으로 한 긍정적 공격성은 외부로부터의 저항을 이기고 앞으로 나아갈 용기를 주며, 투지의 에너지를 생산하는 원동력이 됨.

69 붉은 깃발법에 따라 당시 자동차는 시속 30km 이상으로 달릴 수 있었지만, 시속 6.4km로(시내 시속 3.2km), 그것도 붉은 깃발을 흔들며 마차 뒤에서 달려야만 했음.

70 Robert Reich, 《슈퍼자본주의》, 김영사, 2008.

71 Ian Robertson, 《승자의 뇌》, 알에이치코리아, 2013, p129-179. 현실에서 극단적인 권력을 가질 때는 자기 자신의 시점에서 벗어날 수 있는 능력이 장기적으로 손상되는 결과가 빚어짐. 이는 권력이 뇌에 발생시키는 화학 물질들이 사람의 생각과 감정을 바꿀 뿐만 아니라 중독성 있는 물질이기 때문임.

72 사르데냐 왕국: 1720년에 아메데오 이세가 사보이, 피에몬테, 사르데냐섬을 중심으로 세운 북이탈리아의 작은 나라임. 18세기 말 프랑스에 병합되었다가 1814년에 독립을 한 뒤 1860년에 이탈리아를 통일하여 이탈리아 왕국이 됨.

73 풍선효과는 미국 정부가 마약 단속 정책을 벌이자 단속이 약한 지역에서 마약이 성행한 현상에서 나온 표현으로 수요가 있는 한 어떤 형식으로든 공급이 이루어진다는 경제 용어로 쓰임.

74 《미쉐린 가이드》: 《미슐랭 가이드》 또는 《기드 미슐랭》으로 불림. 레스토랑 정보를 소개하는 '레드 시리즈', 여행 및 관광 정보를 소개하는 '그린 시리즈'로 나뉨.

75 1808년 프랑스 정치가 가스통 피에르 마르크가 노블레스 오블리주라는 말을 처음 사용함.

76 더 기빙 프레지(The Giving Pledge): 전 세계 대부호들의 재산 사회 환원 약속으로 재산의 절반 이상, 최소 5억 달러 이상을 기부해야 함. 빌 게이츠, 워런 버핏, 마크 저커버그 등이 참여하고 있음.

77 화양 지음, 《착하게 사느라 피곤한 사람들》, 시그마북스, 2023, p112-129. 피플플리저가 피곤하고 고통스러운 것은 좋은 사람 콘셉트를 유지해야 하기 때문임. 어딜 가든지 누구를 만나든지 부담감을 지니게 돼 자신을 피폐하게 만듦.

78 쉬셴장 지음, 《하버드 첫 강의 시간 관리 수업》, 리드리드출판, 2023, p8-11. 프롤로그, 하버드대학 학생들은 첫 강의에서 시간의 소중함과 시간을 가장 효율적으로 사용하는 법을 가장 먼저 배움.

79 Benjamin Franklin, 《프랭클린 자서전》, 문예출판사, 2011, p154-158. 프랭클린은 '모든 일은 시간을 정해놓고 하라.'를 지키기 위해 수첩에 하루 24시간의 계획을 적어놓음.

80 Charles Duhigg, 《습관의 힘》, 갤리온, 2014.

81 나비효과: 미국 기상학자 에드워드 노턴 로렌즈가 1972년에 미국 과학부흥협회에서 실시한 강연의 제목인 '예측 가능성-브라질에서의 한 나비의 날갯짓이 텍사스에 돌풍을 일으킬 수도 있는가(Does the Flap of a Butterfly's Wings in Brazil Set Off a Tornado in Texas?)'로 인해 대중에게 널리 알려지기 시작함.

82 Phillippe Lally, Van Jaarsveld, H. Potts, J. Wardle, 〈How are habits formed: modelling habit formation in the real world〉, European Journal of Social Psychology, 2010, 40, p998-1009.

83 1994년 MTV 토크쇼인 '존 스튜어트 쇼'에 세 명의 대학생이 배우 케빈 베이컨과 함께 출연해 청중들이 배우 이름을 대면 그 배우와 케빈 베이컨이 2~3단계 이내에 연결될 수 있다는 것을 증명함.

84 'KBS 뉴스' 기사, 〈3.6명 거치면 온 국민이 아는 사이〉, 2004. 01. 09. 페이스북도 자사 네트워크를 분석한 결과(2016년), 당시 전 세계 16억 명의 페이스북 이용자들이 3.57단계를 거치면 모두 연결된다는 결과를 발표함.

적당히 착하고, 적당히 나쁘게

초판 1쇄 발행 2024. 8. 10.

지은이 이상철
펴낸이 김병호
펴낸곳 주식회사 바른북스

편집진행 김재영
디자인 김민지

등록 2019년 4월 3일 제2019-000040호
주소 서울시 성동구 연무장5길 9-16, 301호 (성수동2가, 블루스톤타워)
대표전화 070-7857-9719 | **경영지원** 02-3409-9719 | **팩스** 070-7610-9820

•바른북스는 여러분의 다양한 아이디어와 원고 투고를 설레는 마음으로 기다리고 있습니다.

이메일 barunbooks21@naver.com | **원고투고** barunbooks21@naver.com
홈페이지 www.barunbooks.com | **공식 블로그** blog.naver.com/barunbooks7
공식 포스트 post.naver.com/barunbooks7 | **페이스북** facebook.com/barunbooks7

ISBN 979-11-7263-088-1 03190